圖解 日本鐵道小知識

原來如此！
有趣又實用的鐵道雜學

綿貫 涉
WATARU WATANUKI

人人出版

序

對上班、上學、購物、旅行的人來說，「電車」已經是日常生活一部分，「鐵道」這個說法可能感覺不太親切、門檻比較高。其實我自己在上高中前，也不曾想過「鐵道」與「電車」有何不同。

但我仍將本書取名為《日本鐵道小知識》而非《日本電車小知識》，是因為這類書籍在書店的分類就叫「鐵道」。「鐵道」是所有在軌道上行駛的交通工具的總稱，在日本已有超過150年的歷史，當中有許多深奧的學問及有趣之處值得挖掘。

本書不僅是寫給鐵道愛好者，也是為了只把鐵道當成日常代步工具的人所寫的。因此除了介紹鐵道車輛運作的原理及歷史外，也提供了

「搭車時遇到突發狀況的話該怎麼辦」、「弱冷車廂的溫度和一般車廂相差幾度」等實用資訊。

歡迎大家隨意翻閱本書，從自己有興趣的地方讀起，也希望本書能讓每位讀者原本只是為了移動的搭車時間，變得更加有趣。

綿貫 涉

序言 -1-

最新技術與職人技藝的混合體!? 不為人知的鐵道世界

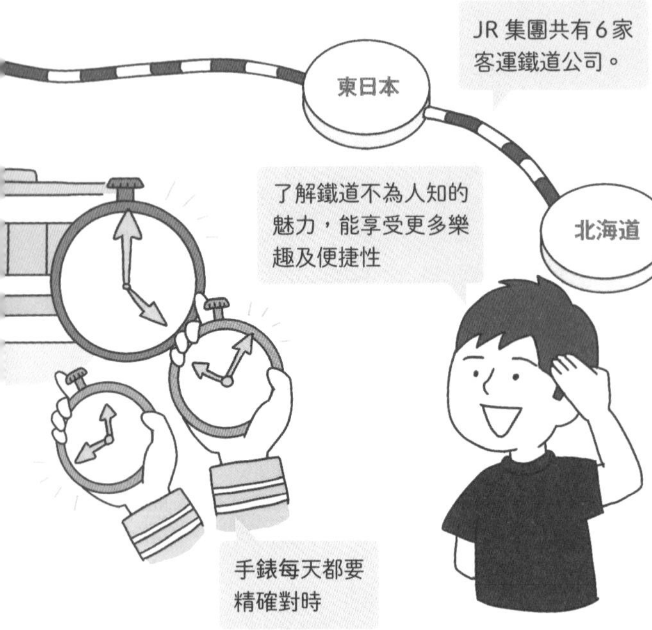
JR 集團共有6家客運鐵道公司。
東日本
北海道
了解鐵道不為人知的魅力，能享受更多樂趣及便捷性
手錶每天都要精確對時

鐵道還有許多你不知道的魅力！

鐵道是許多人上班、上學搭乘的交通工具。有些人可能對鐵道毫無興趣，但相信也有人對此深深著迷。如果要簡單說明這兩種人的不同，那就是「是否只將鐵道視為一種移動工具」。

鐵道擁有悠久的歷史，是集結眾人的智慧及技術支撐起來的。尤其日本鐵道的準確性與安全性要說是全世界首屈一指也不為過。

鐵道職員的一天從點名開始，此時要與主管的手錶對時，確認是否分秒不差。列車是以10秒、15秒為單位運行，司機員必須確認時刻表上記載的「〇分〇秒發車」行駛。或許該說，正因為人

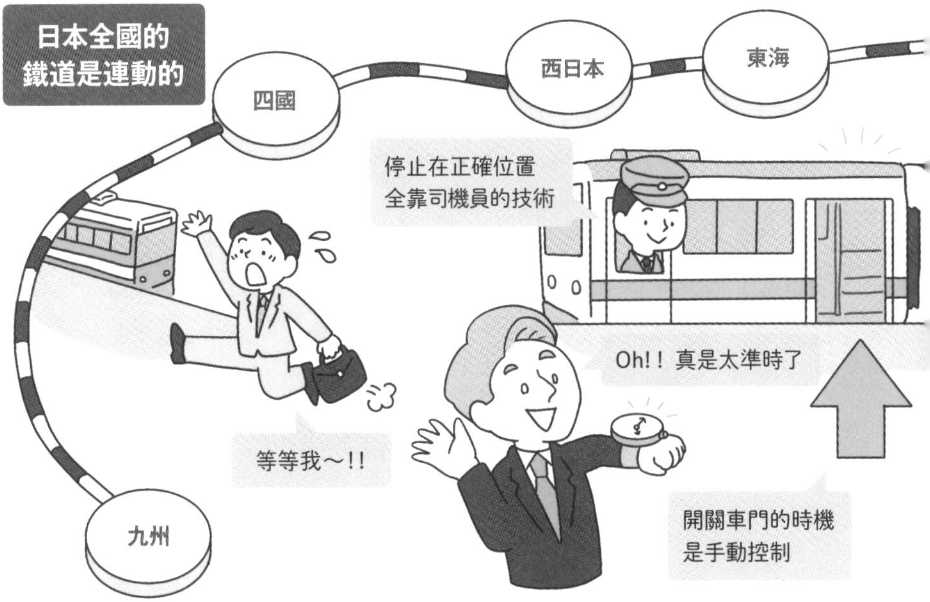
日本全國的
鐵道是連動的
四國
西日本
東海
九州
停止在正確位置
全靠司機員的技術
等等我～!!
Oh!！真是太準時了
開關車門的時機
是手動控制

是可以微調而非死板不變的，因此才有辦法遵守正確的發車時間。

另外，從時刻表或路線圖可以看出，你搭車的車站是和日本全國的車站串連在一起的。雖然連動範圍遍及整個日本，鐵道技術仍然能確保如此傑出的安全性，實在令人驚嘆不已。

除了在運用層面有各種傑出的技術，近年來各種鐵道系統也紛紛導入機械化、自動化裝置。鐵道已儼然成長為高科技與職人技藝並存，益發博大精深的一門學問。

序言 -2-

作者現身說法 分享鐵道世界的學問及樂趣

綿貫涉成為
YouTuber 前的經歷
原來還有
鐵道迷啊……
我是這樣愛上
鐵道的
高中
也喜歡
打電動！
高中時因為打工而
對鐵道產生興趣
小時候喜歡
打棒球
國中小

作者一路走來的經歷

正式進入本書內容前，請先讓我簡單介紹自己，我是本書作者——交通YouTuber綿貫涉。

我最早接觸到鐵道，是高中時碰巧找到了某間大型私鐵公司的打工。做這份打工並不是因為喜歡鐵道，只是因離家近、待遇好。

主要的工作內容包括了各種在第一線應對乘客的業務，像是尖峰時在月台指引乘客上下車、在剪票口計算補票差額、處理IC票證，有時還要受理客訴等。當時我對鐵道並沒有多大興趣，只把這當成一份工作，沒什麼特殊感情。

也擔任過車掌
第二份工作
了解到更多鐵道的魅力，因此愛上鐵道
轉職為鐵道公司的技術職
想去規模更大的鐵道公司
大學畢業後第一份工作是巴士公司的儲備幹部

Profile

曾是鐵道員的交通YouTuber，頻道有14萬名訂閱者（截至2024年3月）。

我原本完全是鐵道門外漢，聽到打工的前輩問我：「你也喜歡鐵道嗎？」才知道原來有所謂的鐵道迷。跟著前輩們認識到鐵道的各種迷人之處後，我也開始把這當成了興趣。

與許多從小就開始喜歡鐵道的鐵道迷相比，我算是相當晚開竅的。我在從事鐵道工作時受到其魅力吸引，而後不知不覺進入鐵道公司任職，甚至還當到了車掌。

為了讓更多人了解鐵道等各種交通工具的魅力，我辭去了鐵道公司的工作，轉而經營YouTube頻道。身為鐵道迷，我會持續分享讓人更喜愛交通工具、帶來新發現的資訊。

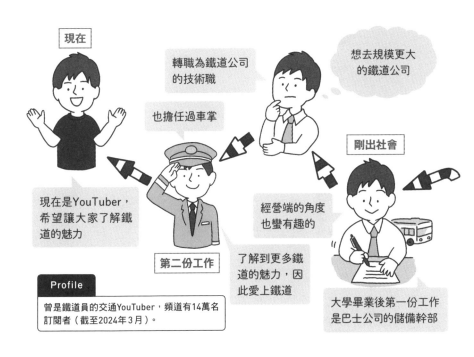

《日本鐵道小知識》目次

第1章 五花八門鐵道知識

第2章 認識鐵道的運作

第3章 鐵道的歷史與未來

※書中內容為本書於2023年5月撰寫時的資訊，有可能會根據社會情勢、市場變化而有不同。
※書中內容為作者個人意見，皆不代表鐵道公司的立場。
※本書以簡單易懂為優先，有些內容將需嚴謹列為列車的部分以電車表示。

第1章

五花八門鐵道知識

無論是上班、上學或返鄉、旅行，鐵道是我們日常生活不可或缺的一部分。其實這項大家已經習以為常的交通工具，還有許多不為人知又有趣的一面。

TRAIN 1

為什麼電車可以精準地停靠於月台？

堪稱職人技藝的準確性

日本鐵道的準確性舉世聞名。例如，電車進站停靠時，車門能夠精確地對準月台地面標示的乘車位置。對我們而言是稀鬆平常的事，但其實全要歸功於高超的技術與經驗。如果是平常有在開車的人，遇到紅燈時踩下剎車讓車子剛好停在號誌前或許並不是難事。**但鐵道車輛使用的是鋼製車輪，行駛在鐵軌時就像在滑行般，剎車不像汽車那麼容易發揮作用**。

近年來許多車站都增設了月台門，以防乘客跌落月台。車輛停車時，車門也會正好對準月台門。雖然某些路線的車輛剎車已經自動化，但要停得如此精準，**大多還是得靠司機員的技術**。

司機員會在電車進入月台時，確認停止位置目標。雖然會謹慎操作剎車避免車輛劇烈晃動，但**天候、乘客數量、車廂數量都會影響剎車的運作**。換句話說，這時候就看司機員如何發揮技術了。另外，車門也是由車掌或司機員判斷何時開啟、關閉，並非自動開關。

電車準時到站並準確停在等候上車的乘客面前，雖然是看似理所當然的事，但其實全都仰賴司機員的努力。

能精準停在該停的位置，歸功於司機員的技術

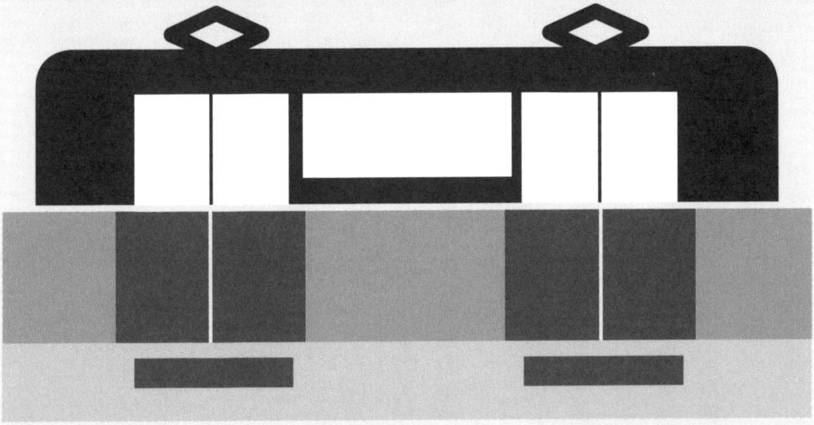

要將電車正確停在月台的停止位置或讓車門對準月台門，需要高超的技術與經驗。

列車的剎車幾乎都是手動控制

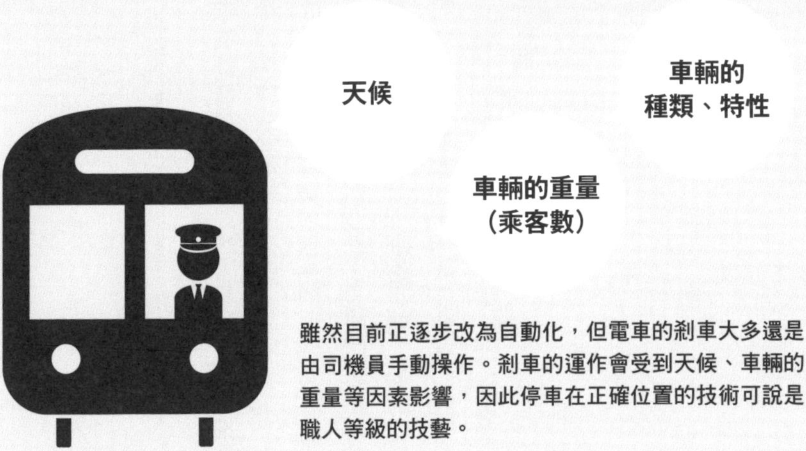

雖然目前正逐步改為自動化，但電車的剎車大多還是由司機員手動操作。剎車的運作會受到天候、車輛的重量等因素影響，因此停車在正確位置的技術可說是職人等級的技藝。

原來有些車站可以不用遵守發車時間！

根據乘務員的裁量調整整體時間

日本鐵道的準確性及可靠度在全世界是首屈一指的。但電車在某些車站會較時刻表上的時間提早發車。日本的鐵道業界將**按照規定時刻發車的車站稱為「採時站」，有可能在規定時刻前發車的車站稱為「非採時站」**。

大都市的通勤路線車站間距離較短，而且常因為上下車乘客多而延誤發車時間。因此，將某些站的發車時間交由乘務員裁量，便可以讓班次密集的路線順暢運行。換句話說，**為了保有調整時間的彈性，確實遵守時間的採時站，以及乘務員擁有裁量權的非採時站兩者缺一不可**。

採用這種制度的路線，每幾站就有一站採時站。電車有時會停在某一站的月台，並廣播告知：「本列車在此停車約一分鐘。」這種情況便很有可能是該站為採時站，正在調整發車時間。

另外再補充，**發車時間並不是車門關閉的時刻，而是車門關閉後電車行駛的時刻**。若時刻表記載12時00分00秒發車，車門大概會在11時59分50秒左右關閉。為了避免搭不上車，建議還是多預留一些時間。

有些車站是由車掌與司機員決定何時發車

山手線、京濱東北線等站與站之間距離短、班次密集的首都圈通勤電車，每幾站就會有一站採時站，發車時間是固定的。其他車站則是只要乘客上下車完畢即可出發。

※中長距離路線通常所有車站皆有固定發車時刻。

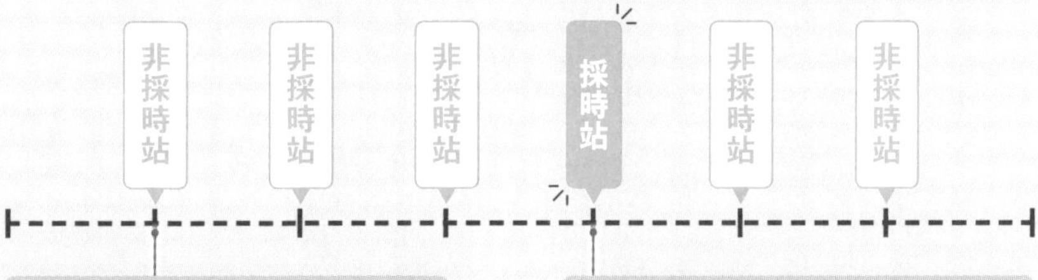

沒有訂出正確發車時間的車站。乘客較少的車站可經乘務員裁量稍微提早發車，爭取緩衝時間，當其他車站的乘客耗費較多時間上下車時，可避免列車誤點。

訂有固定發車時間的車站。若提前發車即為「早發」，屬於違法行為。

設置非採時站對列車班次密集的地區而言，是預防時刻表被打亂的措施。

時刻表上的時間是電車起步的時間

時刻表上的時間並非關閉車門的時刻，而是電車起步的時刻，因此車門可能會在約10秒前就關閉。此外，電車的發車時間是以秒為單位制定的，但時刻表上僅會顯示至分。

若發車時間為12時（12:00:00）

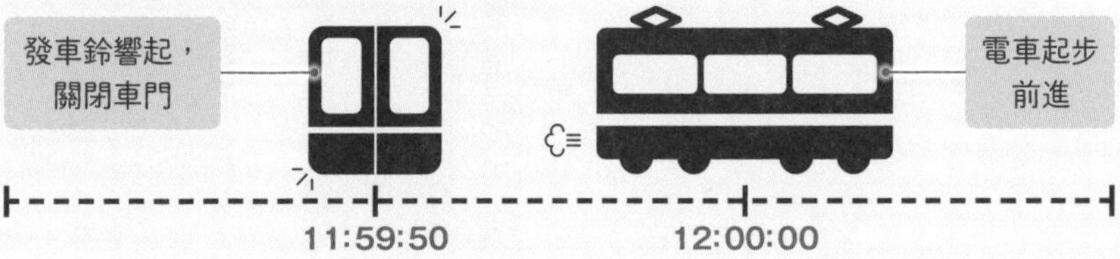

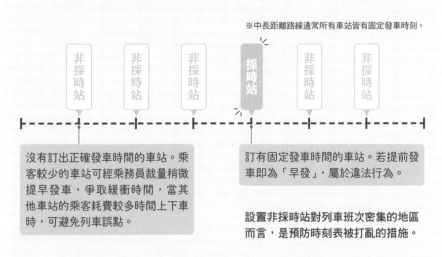

民眾侵入軌道、檢查車廂……臨時停車的原因百百種

若原因不明可能會停半天以上

許多原因都會造成電車長時間的臨時停車。大家首先想到的大概就是人身事故（民眾因侵入軌道而傷亡）。許多人應該有在車上聽過「因出現異常聲音，列車必須暫停行駛」的廣播。**通常是電車輾過不明物體，司機員必須下車確認原因。**這種情形大多是有人在鐵軌上放石頭惡作劇，沒有異常的話，大約15分鐘後就會恢復行駛。此外，也有可能是民眾從平交道或月台侵入軌道。為避免造成重大事故，電車必須停下，並將民眾帶離軌道。與汽車等車輛發生碰撞的事故若是嚴重到汽車嚴重損毀或電車出軌的話，經常會導致當天所有班次停駛。

號誌機及高架電車線的故障因關係到整條路線的安全，**若無法確定原因，甚至可能一停就停上半天。**高架電車線常見的問題是強風使得塑膠袋等品勾住電線。偶爾也會有大型車輛通過平交道時不慎扯斷上方電線的情形，這時大約得花6小時修復。

日本近年來還有許多颱風、大雪、地震等自然災害造成的影響。無論原因為何，電車之所以停駛，都是為了確保乘客的安全。

電車臨時停車常見的原因

①檢查車輛

在車門或剎車裝置等設備出問題時進行檢查。

②檢查車內

乘務員會在有乘客按下緊急按鈕或乘客間發生糾紛時進行確認。

③侵入軌道

電車會在有民眾從平交道、月台侵入軌道，或汽車受困於平交道時緊急停車，直到確認安全後才恢復行駛。

④確認異音

最常見的就是輾過有人惡作劇放在鐵軌上的石頭。司機員會下車以肉眼確認有無異常。

⑤自然災害

發生颱風、大雪、地震等自然災害時會為了安全而停駛。若氣象預報顯示天候將影響行駛，也可能會事先取消班次。

⑥高架電車線、號誌故障

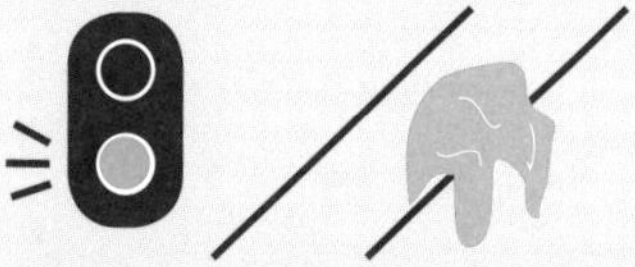

塑膠袋等物品也常因風吹而勾到高架電車線，由於電車就這樣通過的話有可能造成電車線斷裂，得多花些時間確認安全。

TRAIN 4

掌握「原因」及「發生地點」就能知道何時恢復行駛!?

人身事故的處理仰賴第一線的合作

列車遭遇人身事故必須停駛時，需要等待一段時間才能恢復行駛，但到底會是多久呢？

根據日本總務省統計局彙整的《日本的統計2023》，2019年日本全國共發生了351起人身事故。換句話說，**每天約平均發生一起人身事故**。由於頻率如此之高，搭車時自然有可能遇到。如果能知曉事故的發生地點，便可以判斷需要多久才會恢復行駛。

例如，人身事故若是發生在車站月台，而且是都會區車站的話，救援隊及警察接獲通報後約8分鐘會抵達現場。接下來要進行救援、現場蒐證、確認安全狀況等，一切順利的話約40～50分鐘後可恢復行駛。但當然也有可能需要更久的時間。

發生在站與站之間的人身事故是最花時間的。由於有時間上的落差，救援隊及警察趕抵現場、資訊傳達都會較發生在月台的人身事故慢，因此有可能要1小時以上才能恢復行駛。發生人身事故時，務必記得確認發生的時間、地點，保持冷靜不要慌張。

發生人身事故時約50分鐘後才會恢復行駛

若發生人身事故，會有站員、救援隊、警察等各方人員趕赴現場處理，因此電車有時可能必須停駛 1 小時以上。

- 發生人身事故——（事故發生起）0分鐘
- 救援隊抵達——約8分鐘
- 救助傷者、警察進行現場蒐證及確認安全等
- 恢復行駛——順利的話約40~50分鐘

※時間會因為事故及軌道狀況有所不同。知道何時可恢復行駛後會廣播通知乘客，別忘了多加留意。

發生人身事故時現場如何處理？

救援隊負責救助傷者

若發生人身事故，首先由救援隊救助傷者。

警察進行現場蒐證

警察會調查現場狀況，詢問目擊者事發經過，也會檢查遺留的物品。

司機員檢查車輛

司機員會到軌道上確認車輛及鐵軌有無異常、是否安全。

恢復行駛

完成確認後便會恢復行駛。為使被打亂的班次恢復正常，行控中心會調整班距、更改列車目的地等。

替代運輸是如何運作的？

只適用於先支付車資的搭乘方式

鐵道運輸的班次可能會因天候不良或發生事故而大亂，相信有不少人在遇到這種狀況時都曾改搭替代運輸。**替代運輸是一種當電車停駛時，不同鐵道公司間交換資訊，供乘客改搭其他公司路線前往目的地的制度**。

當班次被打亂或列車停駛時，若有替代運輸方案的話，一般都是在提供替代運輸的車站出示車票、月票即可搭乘。站員看到車票、月票便知道乘客是要前往替代運輸的區間，因此可以直接通過剪票口搭乘其他路線前往目的地。

但由於**替代運輸並非法律規定的制度**，所以如果沒有可替代的手段，便無法提供這項服務。此外，**Suica或PASMO等交通IC票證並不適用替代運輸**，因為替代運輸的適用對象僅限明確記載搭乘區間的車票及月票。月票及車票是先付錢購買後搭車，IC票證則是搭車後才從儲值金額中扣除車資。換句話說，替代運輸的服務對象不包括車資尚未確定的乘客。

如果非得利用替代運輸的話，就只能在車站的售票機購票，然後向站員出示了。

替代運輸示意圖

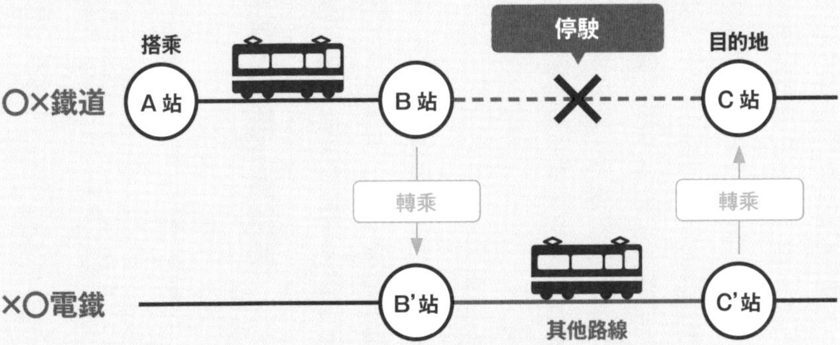

搭乘中的電車若是停駛，可利用替代運輸改搭其他鐵道公司的路線前往目的地。

儲值式IC票證無法搭乘替代運輸

先購票後搭車的話沒有問題

車票

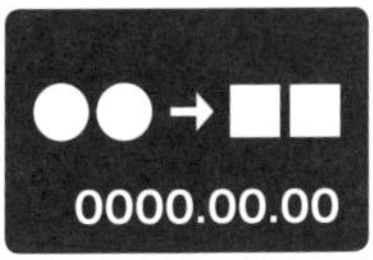

月票
（包括交通 IC 票證）

在停駛的車站向提供替代運輸的業者出示車票、月票，便可搭乘替代運輸。

先搭車後付費則不行

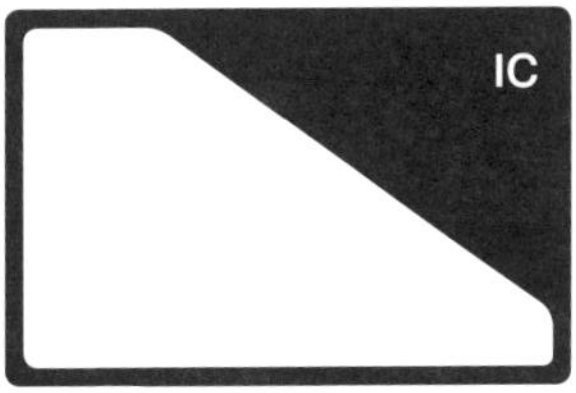

儲值使用的交通 IC 票證

使用儲值式IC票證搭車的話，是在出剪票口時才會確定車資。改搭其他路線的車資得全額自付。

物品掉落到軌道上不可自行拾取

可能要等收班後才能拾回

你有物品不小心從月台掉落至軌道的經驗嗎？就算掉落的是重要物品，也**千萬不可自行跳下軌道**。這不僅是因為**軌道與月台約有110公分的高低落差**，軌道上也隨時可能有電車駛來，十分危險。

車站備有類似機械手臂，用來撿拾掉落物的工具，名為拾物專用夾。若有物品掉落，應立即通報站員，待確認安全後再由站員拾取。但物品體積越小的話，會越花時間。由於近來藍牙耳機掉落的案例急速增加，因此鐵道業者也想出在拾物專用夾前端裝上膠帶的方式因應。

許多人會將物品遺忘在車站或車上，**這時可聯絡鐵道公司或車站，說明物品特徵，待尋獲後前往失物招領處領回**。每間公司的保管期間不盡相同，有些公司在保管三天後便會將貴重物品移交給警方保管。超過三個月仍沒有失主領回的物品則**可能會有業者收購，之後在百貨公司之類的地方舉辦「鐵道遺失物拍賣會」，以破盤價出售**。時間過越久會越難尋回遺失物，因此察覺後最好立即聯絡鐵道公司。

編註1：根據臺灣《鐵路法》第七十條規定，若發生行人、車輛、牲畜等侵入軌道情事，可處1萬到5萬罰鍰。

編註2：臺鐵於2020年公布的遺失物排行榜前三名依序為各式卡片證件、現金、雨傘。

物品掉落至軌道時應尋求站員協助

物品若掉落到軌道上，千萬不可自己跳下軌道撿拾，一定要立即通報站員。

如果掉落的是智慧型手機、藍牙耳機這類輕薄體積小的物品，會更難撿拾。尤其掉在道碴縫隙間的話，光是尋找就十分困難。

電車遺忘物品排行榜

※出自相模鐵道株式會社「2019年度 電車內及車站等之遺失物狀況」

第1 傘

第2 袋子、信封

第3 現金

甚至有人忘了這些東西……

裝有昆蟲的籠子

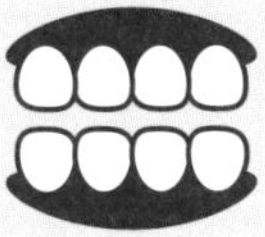

假牙

弓

可以帶上車&不能帶上車的物品

每間公司都有嚴格的規定

一般人可能沒特別思考過哪些物品可以帶上車、哪些不能，但其實**各鐵道公司對此都有嚴格的基準**。以下以JR東日本的旅客隨身行李相關規定為例進行介紹。

禁止帶上車的物品為易燃液體、易燃氣體、火藥類等「危險品」。限制包裝方式及數量的話，其中一部分雖可帶上車，汽油、煤油等仍然嚴格禁止。未包裝的刀具、屍體、不潔之物品、散發臭味的物品同樣不能帶上車。無論是哪一間鐵道公司，都禁止攜帶這些物品。

可帶上車的物品則為長、寬、高合計250公分以內、長2公尺以內，重量30公斤以內則最多可攜帶2件※，而**雨傘、拐杖、手提包等隨身物品則不計數量**。如果是自用的話，同時攜帶數件也不會受到禁止。另外，可拆解或折疊並裝入專用收納袋中的自行車也可帶上車。**近年來還有一些區域性的私鐵，推出自行車可以直接上車的自行車列車**。

若有需要攜帶大型物品搭車的話，建議還是事先確認是否可以帶上車為佳。

※編註：依據臺鐵公司規定，每人最多攜帶兩件，且每件長度不得超過150公分，長、寬、高合計不得超過220公分，但輪椅、電動代步車不在此限。嬰兒車折疊後符合隨身尺寸者，亦可攜帶上車。

可以帶上車、不能帶上車的物品

可以帶上車的物品

免費

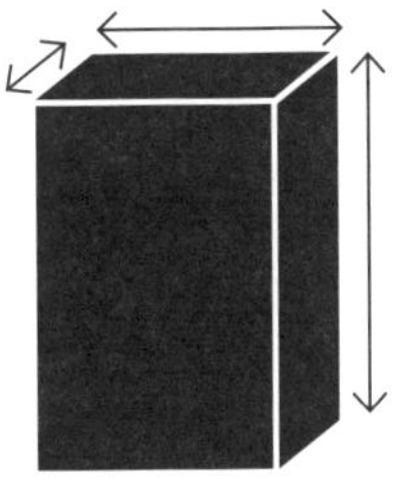

長、寬、高合計
250公分以內、
長2公尺以內之物品

※運動用品或樂器等若已裝入專用收納盒或袋子中，即使長度超過規定仍可帶上車

收費

裝入專用籠之動物
（狗、貓、小鳥、
爬蟲類等）

※不可攜帶有劇毒或兇猛之動物
※導盲犬、看護犬等則無限制
※某些公司可免費帶上車，請先行確認

免費

拆解、折疊後裝入
專用收納袋的自行車

不可帶上車的物品

未包裝之刀具

火藥、燃料等危險物

散發臭味、不衛生的物品

出處:「JR 東日本旅客營業規則」

網路訂票可以幫你省錢！

提前訂票有機會享受折扣！

許多人可能都有聽說，JR近來在各地陸續關閉由專人負責售票的綠色窗口，顯然網路購票已逐漸成為主流。

各大鐵道公司皆有自家的網路訂票系統（eki-net、smart EX等），供旅客透過網路訂票。網路訂票除了不用在窗口排隊，可在售票機取票外，甚至不用取票，只要將**車票存入交通IC票證，即可免實體票搭乘新幹線**。另外，在來線的特急券也正擴大免實體票的適用範圍。

許多人都不知道，**提前用網路訂票的話，有機會享受折扣**。例如，JR東日本推出的「eki-net」上便有「えきねっとトクだ値（eki-net超值價）」的項目，搭車當天前訂票可享有5～20%，13天前訂票可享有25～35%的折扣。

雖然搭乘區間及訂購日期等有一定限制，但只要善加利用，還是可以幫荷包省錢。但由於提供折扣的座位數有限，週末等熱門時段可能一開放訂購就會賣完，要多加注意。

網路訂票流程

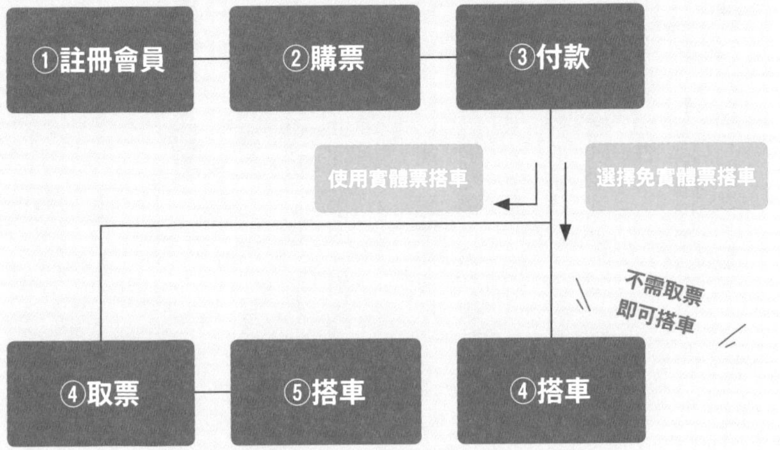

網路訂票可以輕鬆選擇想搭乘的列車、區間、時間等，
不用去窗口或售票機前排隊。
・JR東日本官網：https://www.jreast.co.jp/

提早上網訂票還可享有優惠

除了JR東日本的「お先にトクだ値（早鳥超值價）」外，JR東海、JR西日本、JR九州也有「EX早特」、「SUPER早特票」等早鳥折扣。

搭車區間	一般票價	早鳥價
東京 → 仙台 ※搭乘「山彥號」	10890円	7610円 (30%OFF)
東京 → 新潟 ※搭乘「朱鷺號」	10560円	7380円 (30%OFF)
東京 → 金澤 ※搭乘「光輝號」	14180円	9920円 (30%OFF)

※ eki-net「お先にトクだ値」範例

被迫變更行程時，這樣做可以減少虧錢的風險

網路訂票較容易更改

已經買了新幹線的車票，卻臨時有事無法搭車……，許多人應該都遇過這種突發狀況。以下介紹的方法，可以幫助你減少因此損失退票手續費的風險。

首先，**如果要坐自由座，建議快要搭車前再訂票**。自由座沒有票賣完的問題，等到確定要搭車的當天再訂票，就能減少退票的風險。

對號座退票的話會被收手續費，但還有一種方法，是將車票改為其他日期。這時候，**使用網路訂票在更改上會更有彈性**。

若使用JR東日本的網路訂票系統「eki-net」訂票，在交通IC票證進站前或是取實體票前，**可線上將搭車日期更改為三個月內的其他日期，且不限更改次數**。實體車票的退票手續費較高，而且只能更改一次。

然而，如果沒有趕上要搭的班次，特急券雖然會作廢無法退費，但仍可用來搭乘後續班次的自由座。不過，某些早鳥票有規定無法搭乘後續班次，要多加注意。

注意最終更改期限

網路訂票雖可無限次更改日期，仍有最終更改期限，還是須多加留意。

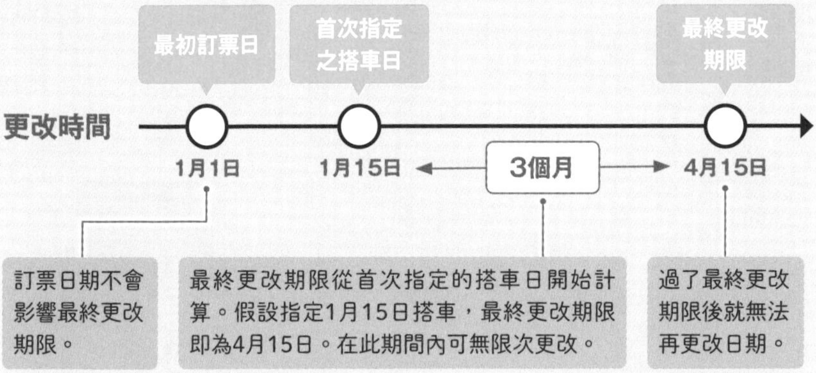
最初訂票日
首次指定之搭車日
最終更改期限
更改時間
1月1日
1月15日
3個月
4月15日
訂票日期不會影響最終更改期限。
最終更改期限從首次指定的搭車日開始計算。假設指定1月15日搭車，最終更改期限即為4月15日。在此期間內可無限次更改。
過了最終更改期限後就無法再更改日期。

※上圖為使用「えきねっと特典（eki-net優惠）」之範例。
※smart EX、e5489、JR九州網路訂票之最終更改期限為最初訂票日的3個月後。

如果沒有趕上當初預訂的班次怎麼辦？

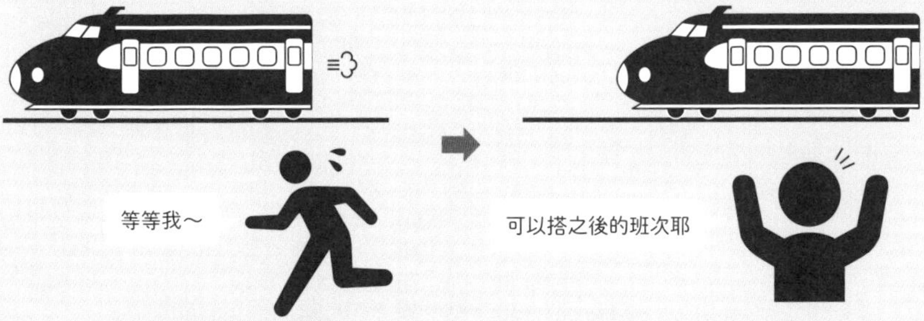
等等我～
可以搭之後的班次耶

如果是搭JR，即使錯過預訂的班次，只要是同一天，即可不需手續直接搭乘後續班次的自由座。

※若後續班次沒有自由座，則視為站票。
某些車票不適用此規則。

TRAIN 10

如何提升自由座有位可坐的機率

旺季會加開班次

想盡可能花少一點錢確保搭新幹線有位可坐的話，事先上網訂對號座是最保險的方法，但若遇到旺季等熱門日期，對號座很可能賣完，就只能坐自由座了。由於新幹線的行車距離較一般電車長，因此座位是相當重要的問題，沒有座位的話就只能長時間站著了。這裡要分享的便是如何提升自由座有位可坐的機率。

以下用最多人搭乘的東海道新幹線為例進行說明。**其實新幹線每節車廂的座位數不盡相同，偶數車廂座位較多，與奇數車廂差了10～35個座位。**如果起站月台上每節車廂排隊的人數都差不多的話，偶數車廂有座位坐的可能性較高。不過，1號車雖然是奇數車廂，但同樣比較有機會坐到座位。這是因為1號車距離剪票口遠，上下車較為不便，通常不受青睞。

順帶一提，**旺季會有許多臨時加開的班次**。在某些時段，東京——大阪間可能每3分鐘就有一班希望號。「前一班新幹線發車後3分鐘出發的希望號」自由座排隊人數相對較少，尤其推薦。看準這類班次的話，便能提升有位可坐的機率。

座位數會因為車廂而不同

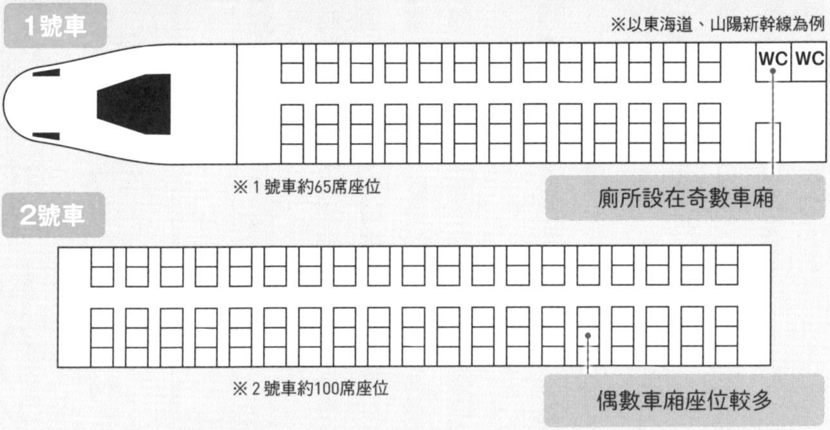

新幹線的廁所設在奇數車廂，因此座位數較偶數車廂少。每節車廂的座位數其實不盡相同。

離剪票口遠的車廂乘客較少

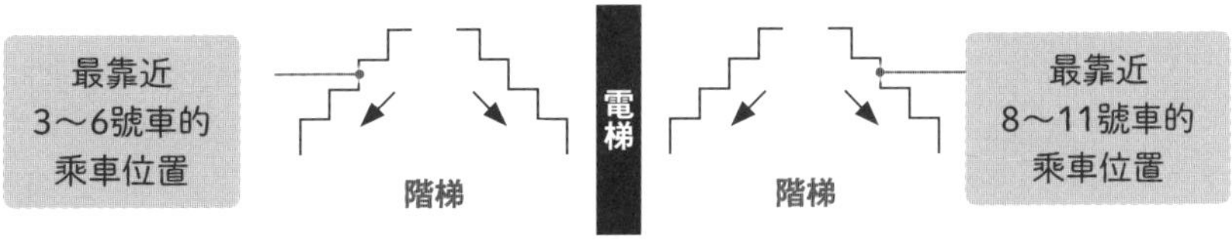

通往新幹線剪票口的階梯位在月台中央，因此距離最遠的1號車通常較不受乘客青睞。雖然座位數較少，但其實有機會找到位子坐。

「擁擠率100%」代表的意思是？

擁擠率是以數據及目測計算

通勤時間的電車總是擠滿了人，「擁擠率」便是一項用來了解電車擁擠狀況的指標，是以**通勤電車一節車廂可容納約150人為基準**計算出來的，若擠進了2倍的乘客，擁擠率即為200％。

日本國土交通省鐵道局提供的參考標準為擁擠率200％時「雖有壓迫感，但還勉強可以看雜誌」，擁擠率250％時「每當電車晃動，身體就會歪一邊，而且動彈不得」。

若假設尖峰時段的擁擠率為200％，代表一列10節車廂的通勤電車約載運了3000人，15節車廂的通勤電車約載運了4500人。

擁擠率是鐵道公司以目測或加上儀器測量等輔助計算出來的。但即使某條路線的擁擠率為200％，並不代表該區間內所有電車都一樣擁擠。擁擠率會因為終點站、與前一班車的班距等因素而改變，因此也會有相對較空的列車。

近年來由於防疫觀念提升，鐵道公司也積極推廣離峰時間通勤，擁擠率超過200％的超級尖峰時段已經有所減少。

電車擁擠率的標準

尖峰時間的擁擠狀況可以透過數字表示，但此數字僅供參考，未必符合車內的實際狀況。

擁擠率50%

幾乎所有座位都有人坐。

擁擠率100%

座位全滿，站立的乘客抓著吊環或車門附近的扶手（標準容納人數）。

擁擠率150%

站立的乘客有空間將報紙打開來看。

擁擠率200%

身體會接觸到周圍的人，有相當程度的壓迫感。勉強可以滑手機或是閱讀雜誌大小的書。

擁擠率250%

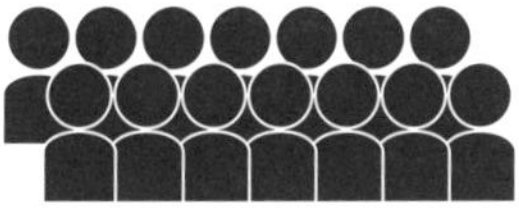

身體無法動彈。當電車搖晃時身體會歪一邊，擁擠到無法自行穩住身體。

※出自日本國土交通省「三大都市圈主要區間之平均擁擠率變化（2021）」

日本全國尖峰時刻最擁擠的電車

※出自日本國土交通省「都市鐵道擁擠率調查結果（2019年度版實績）」

	路線／區間（時段）	擁擠率
第1名	東京 Metro 東西線／木場→門前仲町（7:50~8:50）	199%
第2名	JR 橫須賀線／武藏小杉→西大井（7:26~8:26）	195%
第3名	JR 總武線各站停車／錦糸町→兩國（7:34~8:34）	194%

TRAIN 12

決定在哪站停車的關鍵是「提升便利性」與「確保載客數」

不是單以進出站人數決定

日本的鐵道有快速、急行等不是每站都停的列車。那麼，要停哪一站又是如何決定的呢？

許多人可能以為，進出站人數多、有大型商業設施的站就一定會停，但其實並非如此。**例如，為了防止乘客轉乘其他公司的路線，並拉長旅客搭乘自家路線的距離，有些列車會刻意不停橫濱站**。

至於郊區則是班次原本就少，但如果因為進出站人數少的站就全都不停，不但會降低路線的利用價值，也會使民眾轉而選擇其他交通工具。因此，**要停哪一站並不是單純以進出站人數多寡決定的，而是會考量快速等優等列車**※**與普通車的銜接、沿線商業設施的使用人數等各種因素**。

為了更有效率地載運旅客至目的地，也會細分列車種類，以分散快速等優等列車與每站都停的普通車。將短程與長程旅客做出區隔，有助於紓解乘車擁擠的狀況。

由此可知，**列車中途停靠的車站並不是單由進出站人數決定的**。若你納悶為何要停某一站的話，或許就是出於上述原因決定的。

編註：優等列車指乘車時除了普通列車的票價外，須額外支付特別費用的列車。

路線特性是決定停靠站的關鍵

連接郊區與都市的路線通常會區分普通車、急行、快速等車種，沿途停靠的車站也不盡相同。決定要停哪一站時，會綜合車站規模、提升便利性等因素進行考量。

郊區的站大多不停，進入市區後每站都停的路線→從郊區前往都市上班、上學的乘客較多！

郊區較多站不停

・分散乘客，藉此紓解擁擠的狀況。
・縮短車程。

進入市區後每站都停

避免在大站轉乘時過於擁擠。

在郊區每站都停，市區許多站不停的路線

在郊區每站都停

・郊區人口較少，希望盡量增加乘客。
・提供前往市區的長距離移動手段。
・鐵道公司希望藉由每站都停來減少班次。

市區許多站不停

・希望藉由增加班次以確保乘客，並縮短車程。

透過乘客移動距離區分目標客群

快速急行（神奈川一帶→新宿）

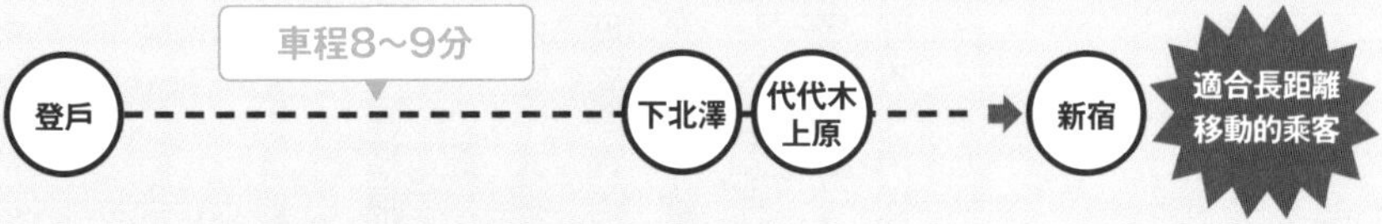

普通車（神奈川一帶→新宿）

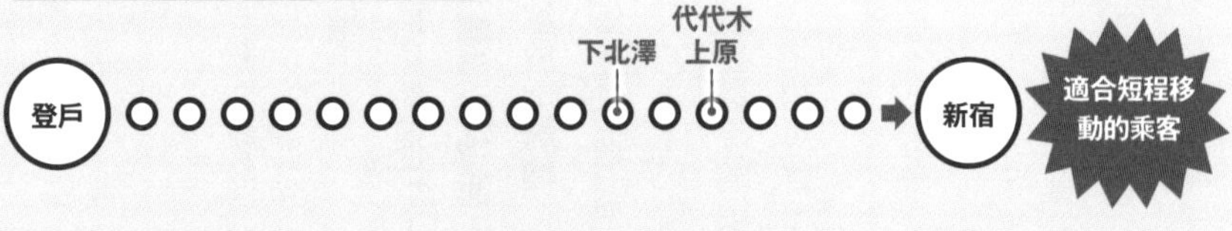

除了快速急行及普通車外，小田急電鐵還針對不同移動距離的乘客規劃了特急（浪漫特快）、急行、通勤急行、準急、通勤準急等車種。

地下鐵的車輛是如何運到地下的？

避開其他地下設施而越挖越深

日本挖最深的地下鐵是在超過地下40公尺的深處行駛。但車輛是在哪裡製造，又是如何運到地底下的呢？

日本國內有數間製造電車車輛的工廠，製造好的車輛會編組為貨物列車由機車頭牽引，或是使用大型拖車載運，運送至今後行駛的路線。

最常見的情形是，**有部分區間位於地面的地下鐵，會由地面將車輛運往地下**。

某些地下鐵路線則是全線於地下行駛，但機廠位在地面，設有通往地下的隧道，車輛便會由此運往地下。**如果機廠原本就位在地下，附近會設置運送車輛用的出入口，這時則要使用大型吊車一節一節吊掛，將車輛送往地下**。

日本最深的地下鐵車站是東京都營地下鐵大江戶線的六本木站、**月台最深處距離地面42.3公尺，換算成建築物的話相當於十層樓**。這是因為大江戶線是較晚新建的路線，而且在許多地方與其他路線交叉的關係。尤其六本木站鄰近還有其他地下設施，因此不得不蓋在最深的地方。有數據指出，從大江戶線六本木站的月台，平均要花六分鐘左右才能上到地面。

地下鐵的車輛是如何運到地下的？

所有鐵道路線都有機廠，車輛是從機廠運到軌道上的。軌道及機廠皆位在地下的路線，會在地面設置運送車輛的出入口，從這裡將車輛一節一節送往地下。

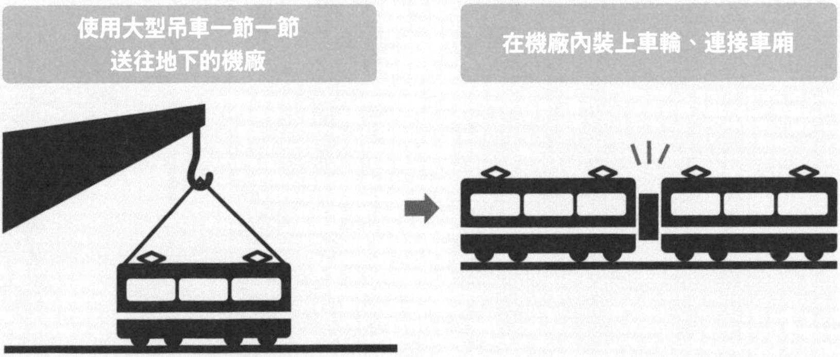
使用大型吊車一節一節
送往地下的機廠
在機廠內裝上車輪、連接車廂

地下鐵挖得越來越深

	最深的五座地下車站
第1名	六本木站（東京都營地下鐵大江戶線，42.3m）
第2名	東中野站（東京都營地下鐵大江戶線，38.8m）
第3名	國會議事堂前站（東京Metro千代田線，37.9m）
第4名	後樂園站（東京Metro南北線，37.5m）
第5名	新宿站（東京都營地下鐵大江戶線，36.6m）

在都營地下鐵大江戶線六本木站下車，搭電扶梯到地面約要花六分鐘。通常越是新開通的路線，會往地下挖得越深。

TRAIN
next back
14

搭車時目擊糾紛的話該怎麼辦？

請車掌或站員處理

近年來在社群媒體上不時會看到有人發生糾紛時，旁觀民眾拍下的影片。這些糾紛有不少發生在電車內或車站月台。

根據一般社團法人日本民營鐵道協會進行的「車站與電車內禮儀相關問卷調查」，「令乘客感到困擾的行為」絕大多數都是坐椅子的方式、講話太大聲、隨身物品影響到他人等與違反禮儀有關者。

這些令人困擾或違反禮儀的行為經常演變為乘客之間的糾紛，甚至可能涉及暴力、傷害等刑事案件。

當你目擊糾紛時，該怎麼處理比較好呢？雖然要視狀況而定，但明顯有可能危害到其他人的話，**可以考慮先確保自身安全，然後按下緊急按鈕**。

緊急按鈕通常寫有「SOS」、「緊急通報器」等字樣，設置於各車廂與其他車廂連通處的附近。按下按鈕後可與乘務員通話，或乘務員會直接前來處理，因此建議尋求乘務員協助即可，不要試圖自行解決。狀況嚴重時，也可以移動至隔壁車廂、**與其他乘客互助自保，並同時報警**。

電車上造成他人困擾的行為

※出自一般社團法人日本民營鐵道協會 2022年版「車站與電車內禮儀相關問卷調查」

有危險狀況時可按下緊急按鈕

緊急按鈕是寫有「SOS」的紅色按鈕，設置於車廂與車廂的連通處附近。

發生糾紛時建議按下緊急按鈕通報。若貿然介入試圖解決，反而可能被捲入意想不到的麻煩之中。

TRAIN 15

喝醉搭車或在車上身體不適該怎麼辦？

清掃嘔吐物是站員的一大負擔

年底、開春等應酬高峰時期，電車上經常有喝醉的乘客。如果只是微醺或許還無妨，但若喝到爛醉就可能會吐在車上了。

喝醉或身體不舒服想吐時，最好的做法是**等回到家再吐，或是吐在自己準備的袋子裡，並將袋子帶回家丟**。裝有嘔吐物的袋子若丟在車站的垃圾桶，可能會受到擠壓而破裂，弄髒垃圾桶並發出臭味。無法忍到回家的話，可以在車站的廁所稍事休息。如果忍不住吐在馬桶裡雖是不得已，但嘔吐物會弄髒馬桶，並有可能造成馬桶堵塞，要多加注意。

實在是忍不住而在車上或車站吐出來的話，置之不理是最糟糕的做法。若是放著不管，或許會有人不小心踩到；吐在座位上又不處理的話，可能會有人不小心坐到。此外，其他人還有因為嘔吐物而感染諾羅病毒的風險，所以必須立即清掃。若真的吐出來了，**一定要通報車掌或站員**。

為了避免發生最糟的狀況，建議當身體不太對勁時，就選擇搭乘每站都停的普通車，不要搭快速列車。

如何避免吐在電車上

適量飲酒

喝酒喝到吐會造成其他人的困擾，應該有所節制，喝到適量就好。

搭普通車

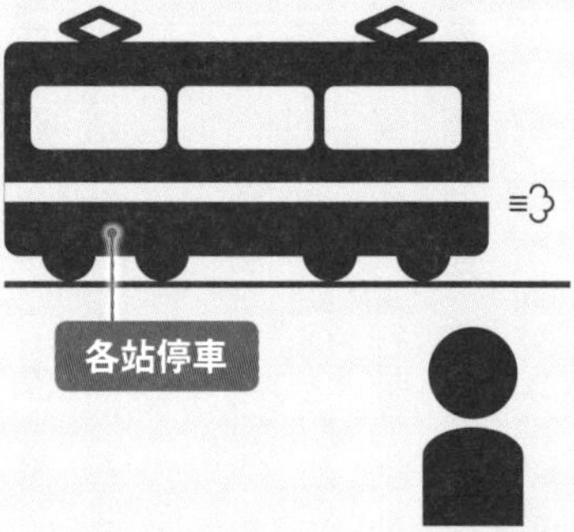

搭每站都停的普通車可以降低吐在車上的機率。覺得不舒服的話建議先下車。

去廁所

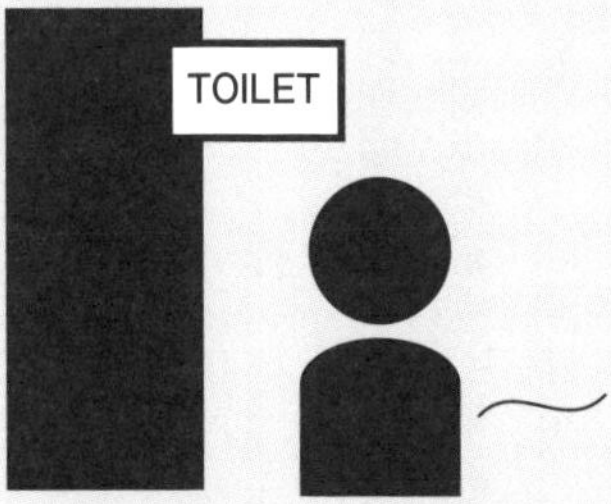

漱漱口、洗把臉等，在廁所休息一下或許能減緩想吐的感覺。

自備嘔吐袋

真的很想吐的話，吐在嘔吐袋內可以避免弄髒車內環境。

因事故或災害而受困車上時，要怎麼上廁所？

可自備緊急用簡易馬桶

日本偶爾會有因為天候不良，乘客長時間受困電車上的新聞。近年來由於氣候異常加劇，這種事或許也有可能發生在你我身上。2023年西日本降下災害級大雪時，造成JR京都線、琵琶湖線15班列車受困無法行駛，最長時間甚至達10小時。

沒有人因此傷亡固然值得慶幸，但當電車長時間停在站與站之間時，乘客要如何上廁所就成了一大問題。無法預計何時能恢復行駛的話，通常都會由鐵道公司員工指引乘客下車脫困，但**實際上並沒有明文規定「過了多久時間以後就要協助旅客下車」**。

就鐵道公司的立場而言，當然會盡量設法將列車開到車站，以避免乘客受困車上。但有時出於安全考量，仍舊不得不中途停車。

最基本的因應方式的就是搭車前先上廁所。也可以在五金百貨賣場等購買簡易馬桶，外出時隨身攜帶，但這只能尋找適合的時間與地點使用。

順便在此分享，乘務員一旦開始執行乘務，就只有在從訖站折返回起站或與其他乘務員換班後才能去上廁所。因此乘務員不會喝有利尿作用的茶、咖啡等飲料，也盡量不吃容易造成腸胃不適的辛辣食物。

事先做好準備是最有效的對策

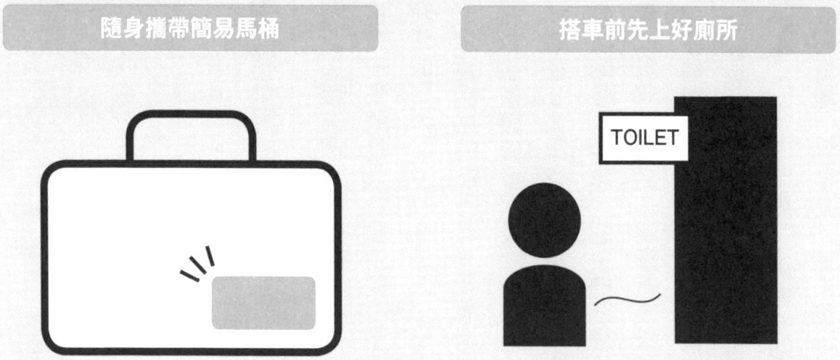

在包包裡準備簡易馬桶或搭車前先上好廁所，都能有效避免無處可上廁所的窘境。這也等於為了未來有可能發生的大地震做好防災準備。

乘務員平時就很注意上廁所問題

乘務員在值勤前會避免喝有利尿作用的茶、咖啡，也盡可能不吃辣椒等辛辣食物以避免腹瀉。另外還會隨身攜帶止瀉藥以備不時之需。

搭末班車時不小心坐過站的話……

視狀況做不同選擇

應該不少人都有因為打瞌睡而不小心坐過站的經驗。但萬一搭的是末班車，就不是怪自己不小心可以解決的了。

搭末班車睡過站的話，首先要思考的是離家有多遠。我為了省錢曾多次長距離步行，以個人感覺而言，離家5公里以內的話是可以走回家的。**但如果身處陌生的地方，或手機已經快沒電了、隔天一早就有事情的話，建議直接搭計程車**。請將避免發生意外或遇上麻煩當作最優先的考量。

若無法輕易回到家的話，**不妨去網咖過夜**。許多網咖晚上都有優惠，絕大多數的店只要2000円就能待到早上。另外也可以考慮24小時營業的KTV或家庭餐廳。如果沒喝酒的話，騎共享自行車也是一個選擇。若附近沒有商家，找不到地方可去時還有一招是去公園。

萬一搭末班車不小心一路睡到終點站的話，許多車站周邊是沒有地方可過夜的。最好的方法還是自己多加留意，以免因為睡過站而走投無路。

搭末班車時睡過站的話可以這樣做

①睡在網咖

參考花費：1000~3000円

②走路回家

參考花費：0円

③去 KTV

參考花費：1500~3000円

④去家庭餐廳

參考花費：500~1000円

⑤在公園打發時間

參考花費：0円

⑥住商務旅館

參考花費：5000~9000円

⑦住膠囊旅館

參考花費：2500~4000円

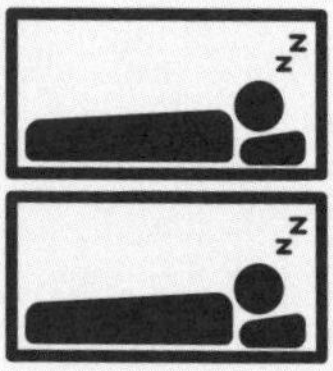

⑧搭計程車

參考花費：視距離而定

※ 深夜 22 時至隔天早上 5 時會加收 2 成車資。

⑨騎共享自行車

參考花費：1小時400円

TRAIN

next back

18

末班或頭班車如何值勤？

需要過夜的工作得睡在車站

日本的電車一大早就會發車，到深夜才收班。站員在沒有電車行駛的時段要如何去上班，下班後又如何回家呢？答案其實很簡單，就是**收班後不回家，在車站過夜，隔天早上繼續在該站值勤**。基本上，站員的工作如果必須跨日，就會睡在車站

一般公司工作時間是8小時，但站員是在9時至隔天9時這橫跨兩天的24小時中工作16小時。剩餘的8小時中，約有5～6小時的小睡時間及休息時間。

但末班車至頭班車通常只有4小時左右。因此，**基本上負責末班車業務的站員與負責頭班車業務的站員是不同批人**。前者處理完末班車業務後會小睡至早上6時再繼續工作，後者則是因為清晨4時左右就要開始處理頭班車業務，因此在末班車之前就會先去小睡。但小站有可能頭班車時沒有站員在，若發生問題只能用對講機與其他站聯絡。

由此可知，負責末班車或頭班車業務的人基本上都是睡在車站。但有前公司的同事告訴我，聽說有些鄉下地區的路線，是站員在末班車收班後開車回家，頭班車發車前開車去上班。

負責末班車業務的站員一日行程

負責末班車業務的站員會在車站過夜，以下簡單說明站員的一天是如何度過的。

開始值勤

9:00

在過了早晨上班、上學尖峰時段後，與前一天在車站過夜的站員換班，開始執勤。

放學下班尖峰～末班車業務

17:00

尖峰時段會盡可能多安排站員服務旅客。尖峰過後會適度穿插休息時間，繼續為旅客提供服務至末班車收班。

小睡

1:00左右

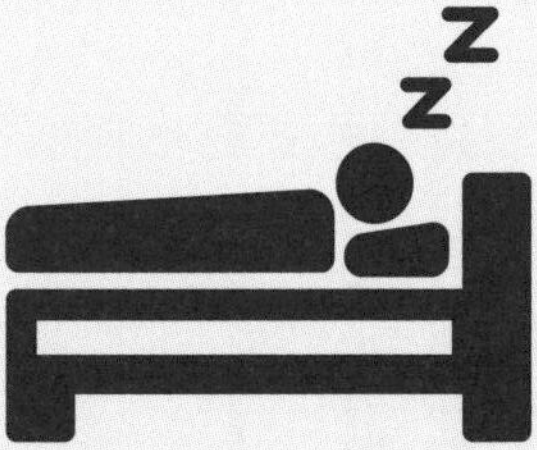

末班車收班，並巡視完車站後會小睡一段時間。負責頭班車業務的人會在 4 時左右開始值勤。

迎接早晨尖峰時段

6:00

服務早晨上班、上學尖峰時段的旅客。換班的站員9:00抵達後，跨日的工作便告一段落。

如何成為司機員？

首先要從站員及車掌做起

日本的鐵道司機員必須取得「動力車操縱者駕駛執照」。要取得執照則得先進入鐵道公司任職，擔任站員及車掌數年，學習乘客對於鐵道有何需求、期待。除此之外，還必須在國土交通省認可的培訓機構接受教育訓練。有些人或許以為要先就讀鐵道的專科學校才能成為鐵道司機員，但其實也有許多非本科系出身的人錄取司機員，而且擁有大學學歷者也越來越多。

身體條件方面的**應試資格為兩眼視力（包括矯正視力）1.0以上，單眼各0.7以上，且視野正常、色覺正常。聽力要求兩耳皆能聽見距離5公尺以上的低語**。另外還包括沒有會影響操縱之疾病及身體機能障礙，**無酗酒等成癮問題**。

至於最令人好奇的薪資方面，根據厚生勞動省的「2021年度薪資結構基本統計調查」，40.3歲的鐵道司機員平均年薪為615萬円。讀者或許會覺得頗為優渥，但絕大多數司機員都不是一進公司薪水就這麼高。這是依年資逐步調升，且要成為司機員後才能享有的待遇，並有可能需要長時間加班，因此無法一概而論。

成為司機員要經過這些步驟

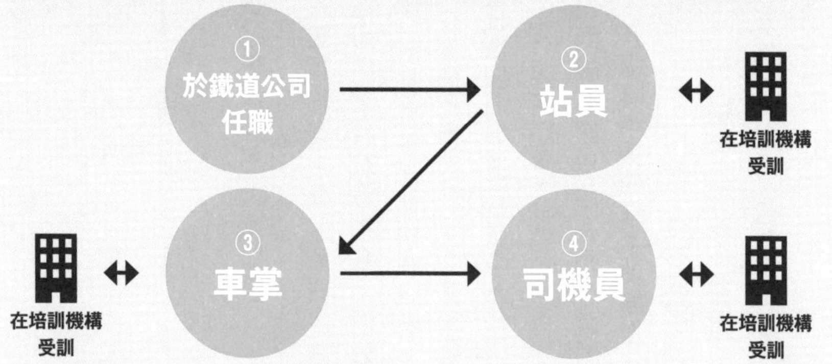

想成為司機員的話首先必須進鐵道公司工作，先擔任站員及車掌，接下來必須通過適性測驗，並在培訓機構受訓約8～9個月取得應試資格。考試合格後才能成為司機員。

鐵道司機員有許多條件限制

除了證照及實務經驗外，想成為電車的司機員還必須符合身體條件方面的規定。以下為一部分範例。

於培訓機構受訓，取得「動力車操縱者駕駛執照」。

・雙眼視力1.0以上（單眼各0.7以上）

※ 可戴眼鏡或隱形眼鏡

・視野、色覺無異常。

能夠聽到 5 公尺以上距離傳來，有如低語般的聲音。

無酒精成癮之症狀。

TRAIN 20

你聽過嗎？ 日本各地有趣的站名

最長站名紀錄不斷被打破

日本全國約有1萬座車站，其中有許多讓人意想不到的有趣站名。例如，JR宗谷本線[※1]的音威子府站讀作「おといねっぷ（OTOINEPPU）」，**念法是出了名的困難**。據說這個名稱在愛努語中為「河口混濁的河川」、「走過河口會一身泥的河川」之意。

本州同樣有讀法讓人猜不透的車站。例如，JR山陰本線的特牛站讀作「こっとい（KOTTOI）」。位在四國JR德島線的「府中」站，關東人可能都會讀作「ふちゅう（FUCHUU）」，但實際上的念法是「こう（KOU）」。

日本目前最長的站名則是**富山地方鐵道的「豐**

假名共有32個字，該站在2021年超越了原本的第一名——京福電氣鐵道北野線的「等持院・立命館大學衣笠校區前」站[※2]，登上日本最長站名的寶座。由於長站名會引起關注，並有宣傳地方的效果，因此不斷會有更長的站名出現，打破這項紀錄。換句話說，站名越長給人的印象越深刻，所以使得站名長度形成了一種競爭。

相反地，「日本最短的站名」則是**JR紀勢本線與近鐵名古屋線、伊勢鐵道伊勢線交會的津站「つ（TSU）」**。津站是登錄於金氏世界紀錄的「全世界最短地名、站名」。

※編註1：為日本北海道旅客鐵道（JR北海道）的路線，起站為旭川，迄站為稚內。

※編註2：日文假名共有26字。

從1個字到32個字的車站都有

日本最長的站名

トヨタモビリティ
と やまジー　　　ご ふく まえ
富山Gスクエア五福前
ご ふく すえ ひろ ちょう
（五福末広町）

富山地方鐵道的車站，2021年1月1日更改站名後，成為日本最長的站名。文字（日文）共25個字，以假名拼音計算的話有32個字。長站名具有宣傳地方的效果，因此日本各地不斷有更長的站名出現。

日本最短的站名

つ
津

位在三重縣津市，為JR紀勢本線、伊勢鐵道伊勢線、近鐵名古屋線三條路線交會的車站。漢字與假名拼音都只有一個字，是日本最短的站名。

作者嚴選！讓人猜不透怎麼念的站名

お たのし け
大樂毛
JR 根室本線
（北海道釧路市）

唸作OTANOSHIGE。站名源自愛努語。許多人都猜想不到「大」要讀作O，「樂」讀作TANOSHI。

しもうさまんざき
下總松崎
JR 成田線
（千葉縣成田市）

唸作SHIMOUSAMANZAKI。最難在於松崎念作MANZAKI。如果不了解下總代表日本古代下總國，也會搞不清楚該怎麼念。

し ぎ さん ぐち
信貴山口
近鐵信貴山線
（大阪府八尾市）

唸作SHIGISANGUCHI。如果不知道信貴山是一座山的話，可能會把山口念作YAMAGUCHI。

あ ざ む い
淺海井
JR 日豊本線
（大分縣佐伯市）

唸作AZAMUI。難在海要念作MU。我也沒辦法一次就猜對要怎麼念。

お う の や ま こ う え ん
奧武山公園
單軌電車
（沖繩縣那霸市）

唸作OUNOYAMAKOUEN。沖繩有很多念法獨特的地名，難念的站名倒不多，但這就是其中之一。

便當？報紙？車站除了車票還有賣什麼？

日本最早的火車便當是飯糰便當

享用火車便當是鐵道旅行的一大樂趣。**日本最早的火車便當是1885年在宇都宮站販售**，用竹皮包起來的飯糰便當。但以商店的商品而言，現存紀錄中**歷史最悠久的是「報紙」**，《日新真事誌》早在1872年便獲准於品川～橫濱間販售。

說到車站的商店，「KIOSK」可說是無人不知的鐵道相關設施。這個名稱其實來自土耳其語，意思是「小亭子」。其前身可追溯到鐵道弘濟會在1932年開設的商店，1973年時向**相關人士就車站商店的命名徵求意見後，決定採用「KIOSK」**。

除了KIOSK這類的車站商店，後來還出現了便利商店。最早進軍車站的是「NewDays」，目前在JR東日本的站內展店約500間。

7-ELEVEN、全家、Lawson等大型便利商店現在也瞄準了這塊市場，不僅同樣能累積會員點數，而且購買各便利商店獨家推出的麵包、便當等常見商品也更加方便，因此深受旅客好評。

站內最早販賣的商品是報紙

1872（明治5）年

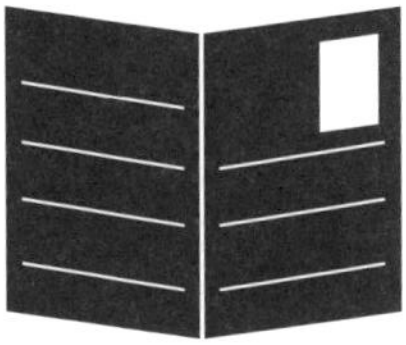

發售報紙《日新真事誌》
品川～橫濱間獲准販售報紙。

1875（明治8）年

推出列車內坐墊租借服務（收費）
當時列車的座椅皆為木製。由於坐墊能提升舒適度，據說這項服務很受歡迎。

1885（明治18）年

販售火車便當
宇都宮站率先推出以竹皮包住2顆飯糰與醃蘿蔔的火車便當（亦有其他說法）。

1899（明治32）年

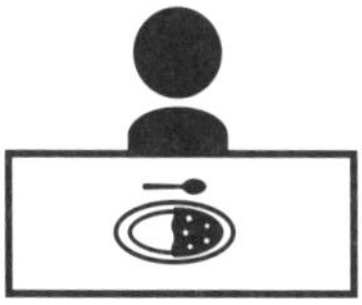

餐車開始營業
山陽鐵道的急行列車推出了附設餐廳的頭等車廂。當時提供的餐點皆為洋食。

1932（昭和7）年

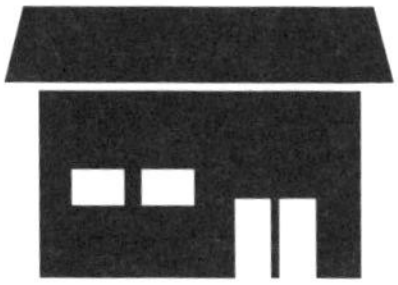

車站商店登場
上野站及東京站內設立了商店，是KIOSK的前身。

1973（昭和48）年

KIOSK 誕生
鐵道弘濟會商店改名為KIOSK。

JR除了鐵道事業外所跨足的領域

JR也積極投入鐵道以外的事業

現在的JR除了鐵道以外還經營各種事業，這其實是**1987年國鐵分割民營化後出現的重大轉變**。在此之前因受限於日本國有鐵道法，國鐵很難進軍鐵道以外的事業，當限制消失後，便得以跨足其他領域。

例如，車站內的便利商店、咖啡廳、健身房、新幹線的車上販賣及經營餐車等，都是JR事業的一部分。**過去委外的業務改為自行經營，也有助於降低成本**。

近年來**也有許多鐵道公司進軍不動產事業**，像是銷售大廈、公寓等物件，或興建百貨公司、購物中心收取櫃位租金。積極推動不動產事業等各種副業的另一項原因，是受到新冠肺炎疫情影響，鐵道本業的收入下滑，所以希望藉此創造收入、維持經營。2020年雖是疫情最嚴重的一年，但南海電鐵憑藉不動產事業的出色表現創造了盈餘，在當時引發熱烈討論。

多角化經營是鐵道公司面對營收下滑等各種因素所不得不採取的手段，今後我們或許還會看到鐵道公司跨足其他新領域。

鐵道公司跨足經營的各種事業

便利商店

JR東日本旗下的自有品牌便利商店「NewDays」目前展店約500家。

咖哩餐廳

京王電鐵集團旗下有咖哩連鎖餐廳「CURRY SHOP C&C」，18間店鋪主要分布在東京都內。

停車場

JR東日本將高架橋下的閒置空間規劃為計時收費的停車場。

飯店

JR各公司旗下皆有與車站直通的飯店，或是位於風景名勝的飯店。

健身房

JR東日本經營的「JEXER」主要位在首都圈的站內、車站附近。

種植香菇

JR九州曾經使用已經廢線的隧道種植香菇。

TRAIN 23

日本的鐵道為何靠左行駛？

不是只有汽車有通行方向的規定

日本的道路交通法規定，行人要靠右走，汽車則是靠左行駛。這是因為人車面對面通行能夠更清楚辨識彼此，確保安全。

同樣地，**日本的鐵道也有靠左行駛的規定**。山手線有「外環」、「內環」之分，也是因靠左行駛的規則產生的。**順時針方向繞行的是「外環」，逆時針方向繞行的則是「內環」**。但日本國內其實也有例外，在秋田縣的秋田~大曲之間，就可以看到列車靠右行駛。此處是秋田新幹線與奧羽本線普通列車行駛的區間，但秋田新幹線與奧羽本線的軌距不同，所以從秋田站的方向來看，左側為新幹線的軌道，右側為在來線的軌道。也因為這樣，有時可以看到行駛在左側的新幹線，從後面追過右側在來線列車的景象。

當初**日本統一規定左側通行，是因為接受左側通行的英國提供技術支援**。至於英國採左側通行，是為了方便騎馬時持鞭。沒有受到英國影響的國家則大多為右側通行，像德國、美國的交通工具都是靠右行駛。

電車是靠左或靠右行駛依各國規定不同

左側通行的國家

日本、英國、法國、義大利、瑞士等

右側通行的國家

德國、美國等

日本的鐵道靠左行駛是受到英國影響

日本最初興建鐵路時是從英國引進技術，因此比照英國採左側通行。也有說法認為，日本人能夠接受左側通行，與江戶時代的習慣有關。

日本的武士

刀不可以撞到別人

日本武士為了避免彼此擦身而過時刀鞘相撞，習慣靠左行走。

英國的馬車夫

右手要拿鞭子

為了避免車夫揮鞭時揮擊到周圍的人，馬車習慣靠左行駛。

Column 1

既然是成年人了，就不要隨地嘔吐

我在p.42的「喝醉搭車或在車上身體不適該怎麼辦？」提過，嘔吐物是站員最討厭的東西。當然，有些人是因為生病等不得已的狀況而嘔吐，因此我以下的真心話都是針對「喝醉造成的嘔吐」。

鐵道是支撐社會運作重要的基礎建設，同時也是營利事業。假設因為身體不適在花店吐出來了，相信每個人都會向店員道歉。如果弄髒了商品，或許還會考慮賠償。但在鐵道業，「吐了一地之後就默默離去」的事情卻一天到晚發生。職員一時沒有注意到固然可以當作理由，但正常來說這是不可能的。

如果是自己吐的也就罷了，但明明是別人喝醉後吐出來的東西，還得被迫直視，一面聞著惡臭一面清理。要說這也是工作的一部分或許也沒錯，但說真的，我希望要吐就回家吐。

許多居酒屋都貼有「若在店內或廁所嘔吐將收取1萬円清潔費」的公告。姑且不論金額是否恰當，鐵道業同樣是有各種成本的，希望大家在搭乘時能意識到這一點。

第2章

認識鐵道的運作

電車在鐵軌上奔馳、停止似乎是理所當然的事，但你知道電車的運作原理是怎麼一回事嗎？這一章將淺顯易懂地說明鐵道是如何運作的。

電車是怎麼動的？

以電為動力使車輪轉動

日本的鐵道車輛中，最普遍的就是以電為動力的電車（電聯車）。過去的主流則是藉由柴油引擎驅動的柴油車，以及透過燃煤時的熱產生水蒸汽，將此當作動力的蒸汽機車。

電車的優點是不像柴油車或蒸汽機車需要補充燃料。雖然製造供電給電車的設備需要龐大經費，但省去了載運燃料的人力、物力，如果行駛班次密集的話，能源效率會更好。

要**讓以電作為動力的電車動起來，重點在於馬達與車輪**。透過電線輸送電力至電車內的馬達，藉此轉動車輪。如此一來，鐵軌與轉動的車輪之間會產生摩擦，便成為使電車前進的動力。

另外，電傳至馬達前，會先經過控制裝置。這種裝置能改變電流方向及電壓的裝置，**發揮調整的作用，在天候不良或長年使用的鐵軌生鏽時，讓電車依舊如常行駛在軌道上**。電車除了效率高，安全也受到保障，是十分優秀的交通工具。

電車的原理

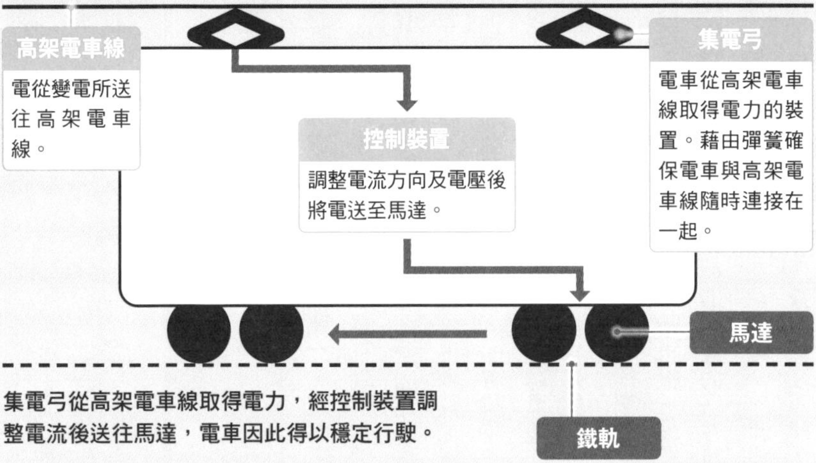
高架電車線
電從變電所送往高架電車線。
集電弓
電車從高架電車線取得電力的裝置。藉由彈簧確保電車與高架電車線隨時連接在一起。
控制裝置
調整電流方向及電壓後將電送至馬達。
馬達
鐵軌

集電弓從高架電車線取得電力，經控制裝置調整電流後送往馬達，電車因此得以穩定行駛。

電車藉由馬達的旋轉與鐵軌的摩擦前進

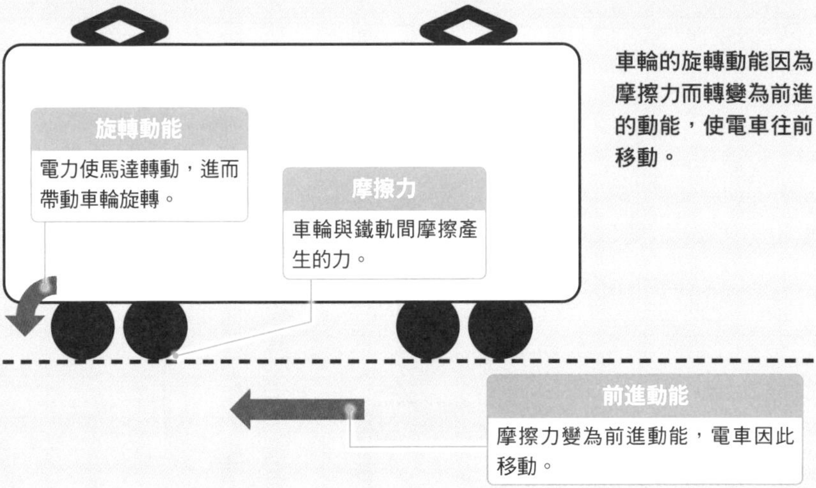
旋轉動能
電力使馬達轉動，進而帶動車輪旋轉。
摩擦力
車輪與鐵軌間摩擦產生的力。
前進動能
摩擦力變為前進動能，電車因此移動。

車輪的旋轉動能因為摩擦力而轉變為前進的動能，使電車往前移動。

驅動電車的電會從電線流至鐵軌

電車設計了供電流通過的路徑

如果沒有供電流通過的道路（電路），電就不會流動。例如，以停在電線上的小鳥來說，雖然接觸到有電流過的物體卻不會觸電，是因為小鳥沒有接觸其他物體。如果小鳥一隻腳碰到其他電線或是電線桿，讓電有路可走的話，便會觸電。

要讓電流動必須滿足各種條件，那麼電車是如何讓電流動的呢？

首先，發電廠送出的電，會經由變電所來到供應電力給電車的電線，也就是高架電車線。設置於車頂的集電弓則從高架電車線取得電力送往車內，再流向控制馬達的裝置及車內照明、空調的電源。接下來，電繼續被送至馬達以轉動車輪，

電車便因此得以動起來。此外，由於車輪與地面的鐵軌接觸，所以電會從車輪經過鐵軌回到變電所。

電車便是依以上敘述的方式**取得電力，並確保將電導往車外的路徑，藉此在鐵軌上行駛**。

電會從電阻大→小的地方流動

雙腳站在同一條電線上
電線
電阻大
電阻小

電流只流過電線，鳥不會觸電。這是因為鳥體內的電阻較電線（金屬）的電阻大。

身體一部分接觸到其他電線
電線
電線

當鳥的身體一部分接觸到其他物體時，電流會通過鳥體內，形成流往其他物體的路徑，鳥因此觸電。

電車要有供電流通過的路徑才能運作

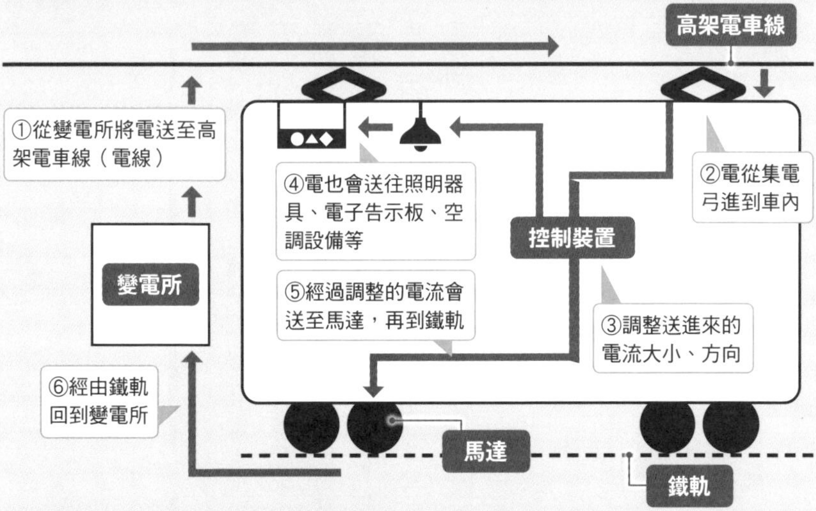
高架電車線
①從變電所將電送至高架電車線（電線）
②電從集電弓進到車內
③調整送進來的電流大小、方向
④電也會送往照明器具、電子告示板、空調設備等
⑤經過調整的電流會送至馬達，再到鐵軌
⑥經由鐵軌回到變電所
控制裝置
變電所
馬達
鐵軌

從變電所送往高架電車線的電進到車內後，會再經由鐵軌回到變電所，形成完整的路徑。由於有電的入口與出口，因此電流能夠順暢地持續流動。

認識讓電車安全停下的關鍵——剎車

剎車主要有2種

技術的進步提升了電車的行駛速度，而剎車則肩負著在短時間內將電車停下的重責大任。

剎車有許多種類，最具代表性的是摩擦制軔與電氣制軔。電車不只搭載一種，而是兩者皆備，並視狀況分別使用。**摩擦制軔的原理很單純，是用類似擋塊的物體抵住轉動的車輪，藉此達到剎車效果；電氣制軔則是藉由施加與前方旋轉馬達的力相反方向的力停下車輛**。與此同時，還會利用使車輛減速的力進行發電，與自行車不需要裝電池的車燈類似。嚴格來說雖然不太一樣，但大致上是這樣的原理。

電阻制軔不會使用發電產生的電，而是將電排放掉。再生制軔則能將發電產生的電，提供給後方行駛的電車當作動力使用。這樣看起來，再生制軔似乎比電阻制軔優秀。但若附近沒有其他電車行駛時，會無法將電送走，產生不了剎車作用。因此再生制軔必須搭配摩擦制軔等其他的剎車使用。

「摩擦制軔」藉由摩擦力停住車輛

踏面制軔

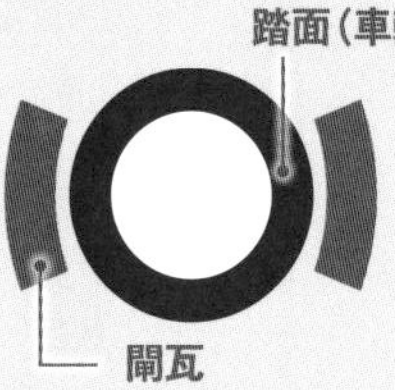
踏面(車輪)
閘瓦

以閘瓦緊緊壓住車輪側面使車輛停止。除了上圖在車輪兩側皆有閘瓦的「雙側閘瓦式」外，還有僅一側裝有閘瓦的「單側閘瓦式」。

碟式制軔

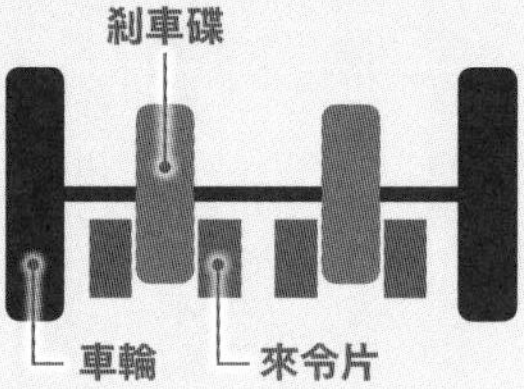
剎車碟
車輪
來令片

以來令片緊緊壓住安裝於車軸的圓盤狀剎車碟，藉此停止車輛。

軌道制軔

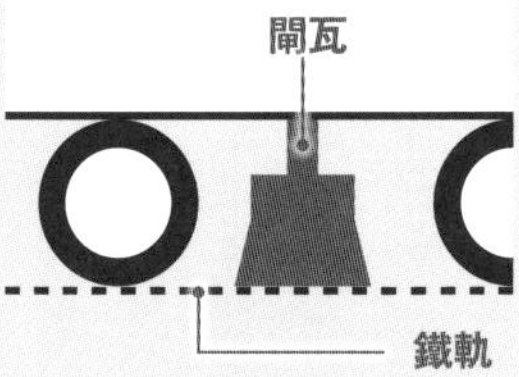
閘瓦
鐵軌

藉由氣壓或油壓使安裝於轉向架的閘瓦直接抵住鐵軌，將車輛停住。由於在陡坡也能使用，日本的箱根登山鐵道便是採用此方式。

「電氣制軔」藉由電力停住車輛

再生制軔

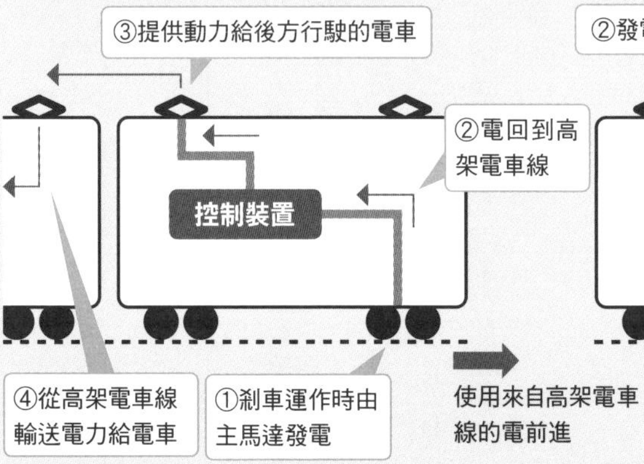
③提供動力給後方行駛的電車
②電回到高架電車線
控制裝置
④從高架電車線輸送電力給電車
①剎車運作時由主馬達發電
使用來自高架電車線的電前進

主馬達在電流過時會旋轉而產生動力，反之如果是外部施力使其旋轉，主馬達便會發電。

電阻制軔

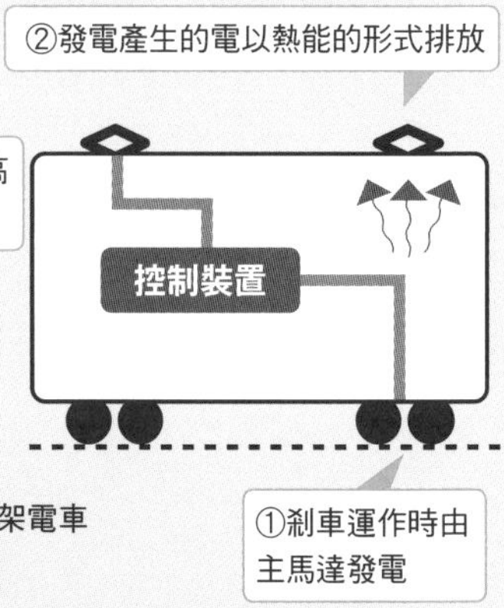
②發電產生的電以熱能的形式排放
控制裝置
①剎車運作時由主馬達發電

電阻制軔是再生制軔問世前主要使用的制軔方式。發電產生的電會以熱能的形式直接排放至大氣中。

鐵軌下方為何要鋪木板？

鋪放這些木板是有意義的！

鐵道車輛少了軌道就無法行駛，你是否注意過，鐵軌下方鋪有一片片木板？其實這些木板有很重要的作用。

這些木板叫作枕木，等距鋪設在鐵軌下方，能夠**使鐵軌維持固定寬度，鐵道車輛因此得以穩定行駛**。

此外，由於鐵道車輛相當沉重，這股重量可能會使鐵軌陷入地面。鋪設枕木則**能夠增加接觸地面的面積，分散鐵軌承受的重量，有助於防止鐵軌陷入地面**。

枕木鋪設在名為道碴的碎石上，這種結構稱為道碴軌道。不只是枕木，道碴同樣有用處，包括防止枕木陷入地面、吸收車輛行駛時的噪音、改善降雨時的排水等。

除了道碴軌道外，還有使用混凝土建造的版式軌道。混凝土的優點是耐久性佳，較其他材質更耐用，但缺點則是排水效果不如道碴，而且難以吸收噪音。

鋪設枕木與碎石的道碴軌道

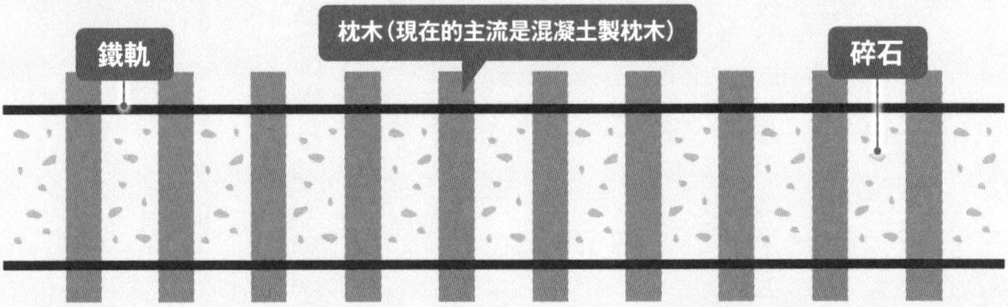

道碴軌道的優點

- 維持固定鐵軌寬度，提升乘坐舒適度
- 碎石會吸收行駛時的聲音、衝擊
- 排水性佳
- 可分散車輛重量，鐵軌不易陷入地面
- 建造成本低

道碴軌道的缺點

- 強度低，有變形的風險
- 保養維護較麻煩
- 發生自然災害時易損壞

鋪設混凝土板的版式軌道

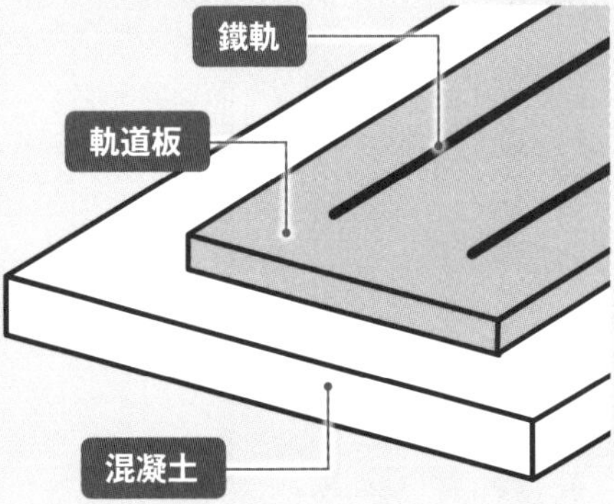

版式軌道的優點

- 強度高
- 保養維護相對輕鬆
- 發生自然災害時損壞的危險性較低
- 重量輕，易使用於高架路段

版式軌道的缺點

- 須投入初期成本
- 一旦損壞，修理起來工程浩大
- 噪音、振動大
- 排水性差

認識鐵路號誌機

最多會使用6個燈號指示

鐵道車輛行駛的軌道和汽車道路一樣，也會設置號誌機。如同汽車的紅綠燈，鐵道用號誌機同樣使用紅、黃、綠三色，但並非只有3個燈號，而是**從2個燈號到6個燈號不等，號誌機的種類相當多**。

那麼燈號的顏色與不同燈號亮起時又代表什麼意思呢？紅、黃、綠燈各1的三燈式號誌機，亮紅燈代表停止，黃燈為小心行駛，綠燈則是可用正常速度行駛。汽車用號誌機的黃燈基本上為「停止」之意，但鐵道用號誌機亮黃燈時仍然可以前進。

另外也有1個紅燈、3個黃燈、1個綠燈構成的五燈式號誌機。五燈式的特色為亮2個黃燈代表警戒，亮1個黃燈與1個綠燈代表減速。駕駛汽車時，如何確保與前車的安全距離都是由駕駛自行判斷，如果感覺要撞上了還可以轉方向盤閃避。但鐵道車輛無法急剎，而且行駛在鐵軌上想避免相撞的話，就只能停車。因此，**將號誌機與號誌機之間視為一個區間，一個區間只能有一列車輛進入，藉此防止相撞**。這種機制稱為閉塞。

鐵道號誌機透過5種指令確保安全

首都圈的鐵道由於班次密集，為了確保安全，因此使用最多有5～6個燈號的號誌機。以下介紹的是五燈式號誌機的指令表示方式。

五燈式號誌機

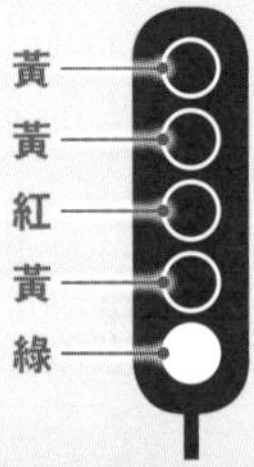

前進

代表列車彼此之間有足夠的安全距離，可用正常速度行駛。

減速

亮起1個黃燈與1個綠燈的狀態。必須以時速65km以下或時速75km以下行駛（鐵道公司可自行制定速限）。

注意

亮起1個黃燈的狀態。代表與前方列車距離縮短，必須以時速45km以下或時速55km以下行駛。

警戒

亮起2個黃燈時，必須以時速25km以下相當緩慢的速度行駛。

停止

亮起紅燈時必須剎車停在亮紅燈的號誌機前。

六燈式號誌機多了代表「高速行駛」的燈號。顯示此指令時，可以用較正常速度更快的時速160km行駛（成田SKY ACCESS線採用該種號誌機）。

萬一司機員倒下，也有自動停車系統確保安全

為因應突發狀況的鐵道設備

電車的最高速度可超過時速100公里，由於不僅速度快，還載運著大量乘客，行駛時伴隨了一定的危險性。為了以防萬一，鐵道系統備有各種因應突發狀況的機制。

例如，若司機員在工作時突然倒下，就等於沒有人操縱正以時速幾十公里行駛的電車，會非常危險。為了因應這種狀況，便設有EB裝置（Emergency Brake＝列車緊急停止裝置）與**列車警醒設備**。司機員在電車運行過程中若有60秒未進行任何行駛操作，前者的蜂鳴器會響起。若仍然沒有反應，裝置便會判斷司機員有異狀，自動啟動緊急剎車。後者則裝在控制車輛的踏板及主控制器，司機員經過一定時間皆未操作該開關的話，會發出警報聲。如果還是沒有反應，就會和EB裝置一樣自動啟動緊急剎車。

遇到緊急狀況時，也可以人力啟動緊急剎車停下電車。**除了司機員，在列車尾端值勤的車掌同樣可以啟動緊急剎車**。無論是從前方或後方，隨時都會有人確認電車的安全，以便在發生緊急狀況時瞬間做出判斷。

防止因司機員有異狀而發生意外的機制

鐵道系統設計了許多防止意外的安全裝置，建立起能夠妥善因應各種異常的體制。

EB裝置

司機員連續60秒都沒有進行運轉操作的話……
警報響起

若未在5秒以內解除警報，列車會自動停止。

警醒設備

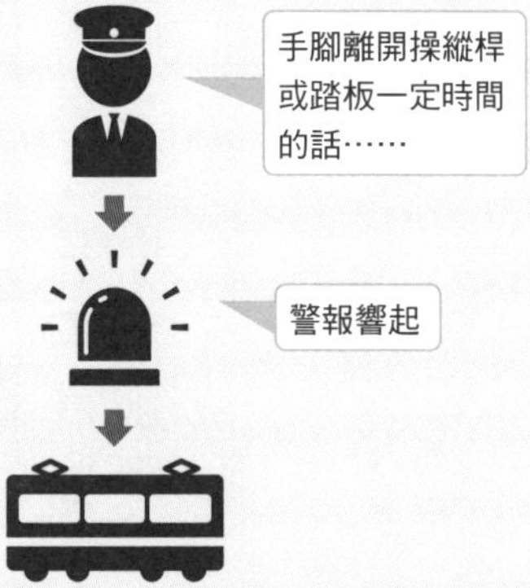
手腳離開操縱桿或踏板一定時間的話……
警報響起

警醒設備設置於操縱桿背面或踏板，司機員的手、腳離開超過一定時間後就會啟動緊急剎車。

車站內各種守護乘客安全的各種裝置

月台門

東京都政府交通局正式宣佈轄下營運的106個都營地鐵車站，全數完成月台門的設置（2024年2月）。

月台邊緣的導盲磚

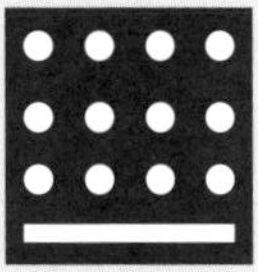

車站的月台邊緣皆會鋪設導盲磚。為方便有需要的人使用，不可站在導盲磚上或放置物品。

列車緊急停止按鈕

當有人員闖入或掉落鐵軌時，按下此按鈕能使電車緊急停止。

TRAIN 7

電車的座椅為何有各種形式？

每種形式各有優缺點

鐵道車輛都設有座椅，形式依車種而有所不同，但主要可分為長條座椅與非字形座椅兩類，各有不同優缺點。

長條座椅的座椅配置與列車行進方向平行，背對窗戶而坐。由於座椅貼著車廂側面，**座椅以外的空間較寬敞，能夠容納更多站立乘客**，因此載運通勤旅客的列車會採用長條座椅。至於缺點則是座位數較少，而且不方便從車窗觀賞外面的景色。

非字形座椅的座椅配置與列車行進方向垂直，過去以兩兩相對的面對面座椅居多，近年來西日本等地則以能夠改變座椅方向的轉換式非字形座椅為主流。非字形座椅雖然方便觀看窗外景色，但座位都坐滿時，靠窗的乘客會不易進出。也有人些會將物品放在靠走道的座椅上佔據座位，使得其他乘客無位可坐。因此近來出現了考量兩者的優缺點，**將長條座椅與非字形座椅搭配在一起**的座椅形式。

通勤電車使用的長條座椅

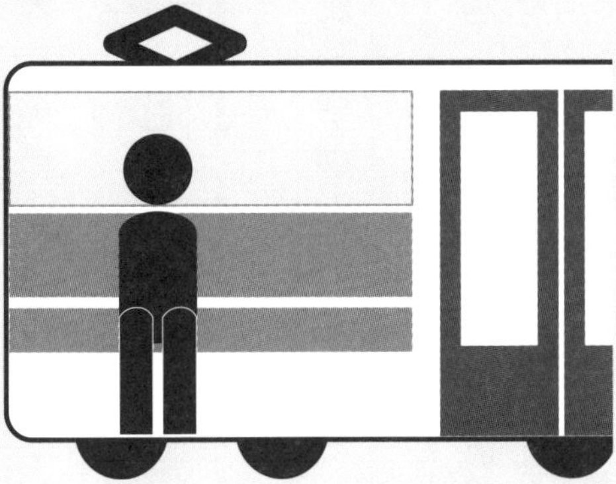

優點

- 座椅以外的空間寬敞，可容納更多站著搭車的人
- 方便上下車，適合短時間搭乘
- 製造成本低

缺點

- 座位數較少

非字形座椅能提供更多座位數

首都圈的私鐵業者導入了兩用式座椅

兩用式座椅的特色是可當長條座椅，也可當非字形座椅。長條座椅用於一般車廂，非字形座椅則用於收費車廂。

優點

- 座位數較多
- 可欣賞窗外景色
- 適合長距離時乘坐
- 可載運大批旅客

缺點

- 站著搭車的空間有限
- 上下車較不方便

※也有僅椅背能前後移動的轉換式非字形座椅。

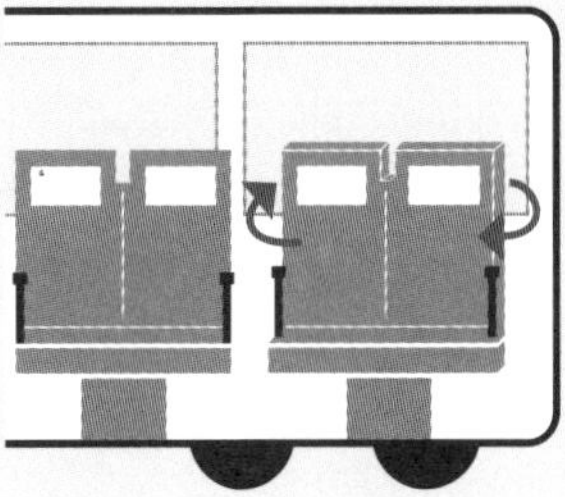

車門大小也會影響電車的載運能力

使乘客順暢上下車的一大關鍵

大批人潮移動或通勤、返家的尖峰時段，電車總是擠滿了人。**若能縮短乘客上下車的時間，便可增加班次，列車運行也會更順暢**。上下車的必經之處——車門因此成了重要關鍵。車門的大小及數量會影響到車廂的容納人數及上下車所需時間。

第一項重點是車門寬度。**車門越寬，便可以讓越多人同時上下車，有助於縮短車門開啟的時間**。如此一來就能降低誤點的風險，列車更容易達成準點的目標。但加寬車門的話，就得犧牲座位數。要選擇重視車門開關及乘客上下車時間，或重視有位可坐的人數，恐怕還是得取決於每條路線的載客狀況。

車門數量也是一大重點。**車門數量多的話，就和車門加寬時一樣，可以讓更多人同時上下車，有利於縮短上下車時間**，因此過去有些路線一節車廂有5扇或6扇門。但隨著設置月台門的車站增加及擁擠率趨緩，一節車廂裝設4扇車門，成了最普遍的設計。

加寬車門能讓更多人同時上下車

加寬車門盡可能縮短乘客上下車時間，有助於減少誤點、增加班次。

1300mm

一般通勤電車的車門大多是此寬度，可供3名成人同時上下車。

1800mm

東京Metro東西線車輛採用的車門寬，約可供4名成人通過。

2000mm

小田急線過去採用的寬度，是日本電車史上最寬的車門。目前已改裝成開口寬度1600mm。

4門車廂成為主流的原因

5門車廂

6門車廂

為使乘客上下車更順暢，擁擠率高的路線過去使用5門、6門等車門數較多的車廂。

月台門成為趨勢

為防止人身事故，近年來有越來越多車站設置月台門。

4門車廂

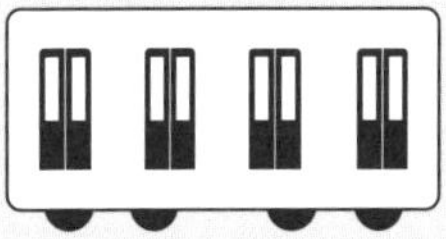

為了配合月台門的規格，4門車廂因此成為主流。

吊環及置物架也不斷推陳出新

一切都是為了提供舒適的搭車環境！

電車是許多人每天搭乘的交通工具，因此使用上的便利性是設計電車結構的一大考量。仔細觀察會發現，車廂裡各個角落都充滿了巧思。

吊環是能讓乘客安全站著搭車所不可或缺的配備。即使列車在行駛時搖晃，只要抓著吊環就不會摔倒。吊環近來還增加了新的巧思，更方便所有乘客使用。那就是**將吊環設計成不同長度，如此一來，無論高矮都能輕鬆抓住吊環**。

置物架可供乘客搭車時放置物品，但一般位於座位上方，對個子嬌小的人較不友善，因此目前有越來越多車輛將置物架的高度降低約5cm。例如，山手線過去的E231系車輛置物架高度為167.8cm，新型車輛E235系則降低為162.8cm。另外，**為了減輕置物架下方座位乘客的壓迫感並防止物品遭遺忘，採用透明玻璃的置物架也變多了**。置物架雖然方便，但如果坐到座位上，放在置物架上的東西就離開了視線範圍。因此使用置物架時一定要多加留意，以免將物品忘在車上。

無障礙設計的吊環

過去的車輛吊環大多只有一種高度，近年來則增加了方便個子較矮的人及年長者使用的設計。

設置 2 種高度的吊環

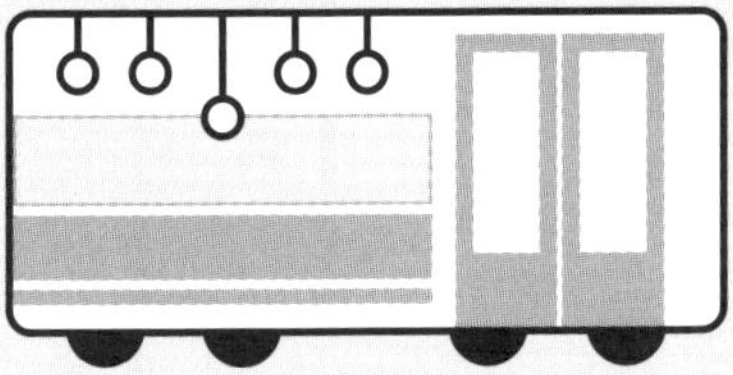

吊環高度做出調整，以便不同身高的人使用。JR東日本便有163cm與168cm兩種高度的吊環。

優先座位前方的吊環較低

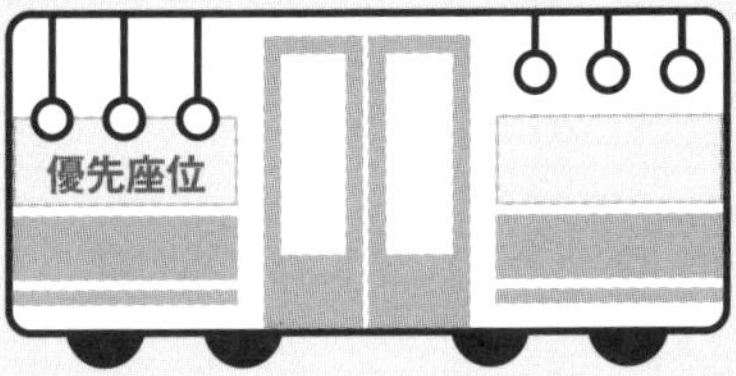

除了調整高度外，有些業者還將吊環改為醒目的黃色。如此一來，擁擠時能幫助乘客辨識優先座位。

置物架也考量到座位上的乘客

過去的置物架主要為金屬框及網子構成，現在則改採用起來更舒適、安全的設計。

金屬管置物架

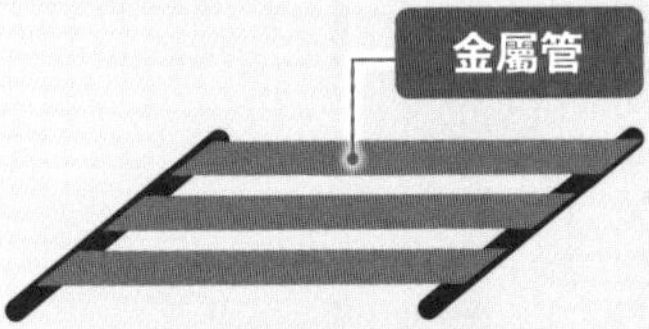

用金屬管取代網子雖然強度更高，但體積小的物品可能會從金屬管間的空隙掉落，乘客也容易感覺有壓迫感。

玻璃板置物架

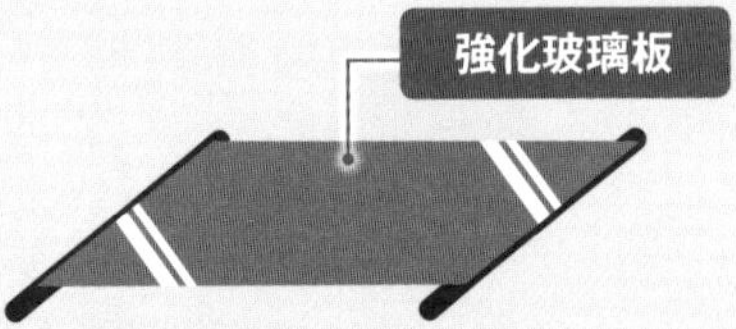

在鋁製框架間嵌入強化玻璃板，物品不會掉落，安全性更高。而且可以從座位清楚看見上方物品，防止將物品遺忘在車上。

電車的空調設備大有學問

日本電車上的空調是冷暖兩用的！

空調設備現在已經是電車的標準配備，冷氣在夏天尤其重要，是在炎熱的天氣中提供舒適搭車環境不可或缺的角色。

電車**最早的空調設備是電風扇，後來演進為裝有冷氣的「冷氣車廂」**，讓乘客在夏天也能涼爽舒適地搭車。過去都是由車掌視情況調整空調強弱，負責車廂內的溫度控管，現在則是根據車廂內的感測器自動調整。

近年來還可以看到**溫度設定較其他車廂高的「弱冷車廂」**。弱冷車廂的溫度大多較其他車廂高2度，雖然會隨列車編組而有所不同，但一列電車基本上有一或兩節弱冷車廂。弱冷車廂比較不用擔心吹冷氣著涼，可說是鐵道業者為了滿足更多乘客的需求所推出的貼心措施。

除了冷氣，日本電車也具備暖氣功能。暖氣設置在座位下方，無論冷氣車廂、弱冷車廂，暖氣都設定在相同溫度。

由於冬天並沒有強暖車廂或弱暖車廂之分，因此搭車時感覺太冷或太暖的話，建議自行增減衣物。

弱冷車廂溫度大多比一般車廂高 2 度

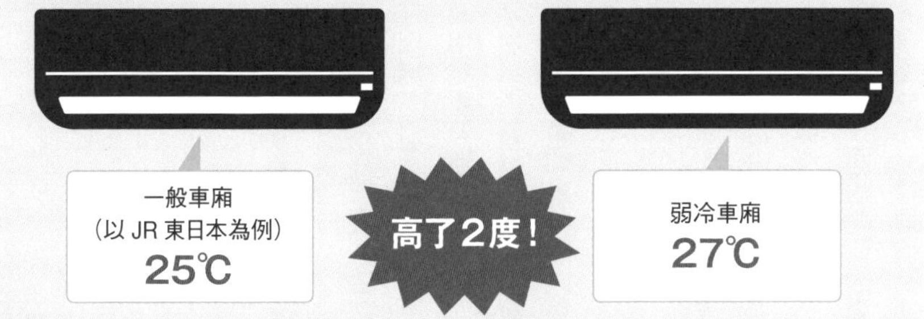

雖然各鐵道公司、路線做法不盡相同，但弱冷車廂的溫度通常會調高 2 度。電車與一般室內環境不同，會頻繁開關車門，因此冷氣溫度設定得比較低。

弱冷車廂的位置隨路線而有所不同

JR 東日本

山手線、京濱東北線等以短距離搭乘為主的路線，弱冷車廂通常是第 4 節，上野東京線等行駛距離較長的路線則多在第 8 節。

東京 Metro

東京Metro多數與其他業者直通，因此弱冷車廂所在位置並不統一，但共通之處在於第一節車廂不會是弱冷車廂。

為什麼電車沒有方向盤也可以轉彎？

電車轉彎的祕訣在於車輪

電車並不是永遠在筆直的鐵軌上行駛，有時要往右或往左彎。但電車和汽車不一樣，沒有方向盤，那為何電車有辦法轉彎呢？

電車之所以能轉彎，是因為車輪的形狀。許多人可能以為，電車的車輪和汽車輪胎一樣是圓筒狀，但其實電車的車輪比較像橫放的帽子。

鋪在彎道處的鐵軌內側較短，外側較長。如果想順暢地過彎，原本必須分別改變內側與外側車輪的旋轉次數，但由於左右兩邊的車輪連在同一根車軸上，這樣會無法轉彎。不過，**將車輪做成類似帽子的形狀，通過內側的車輪使用直徑較短的部分，通過外側的車輪使用直徑較長的部分接觸鐵軌，**如此一來便能使左右車輪旋轉一次前進的距離不同，得以順暢過彎。

但光是這樣的話，會有出軌的危險。為了防止出軌，便在車輪設計出輪緣，也就是車輪內側明顯多出一圈的部分（有如帽子的帽簷）。輪緣具有類似擋塊的作用，能防止電車轉彎時出軌。

電車不像汽車有方向盤

以汽車比喻的話，電車的駕駛座基本上只有電門和剎車，沒有方向盤（轉向裝置）。

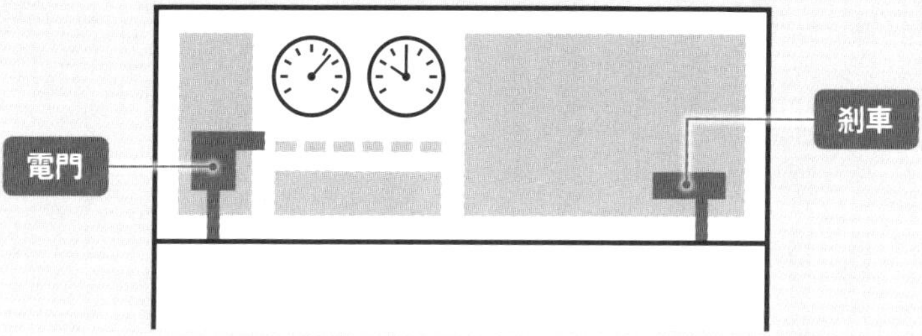

轉彎的重點在於車輪形狀

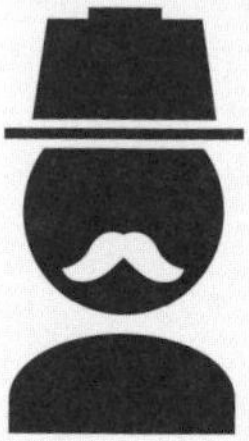

車輪的形狀就像
一頂橫放的帽子

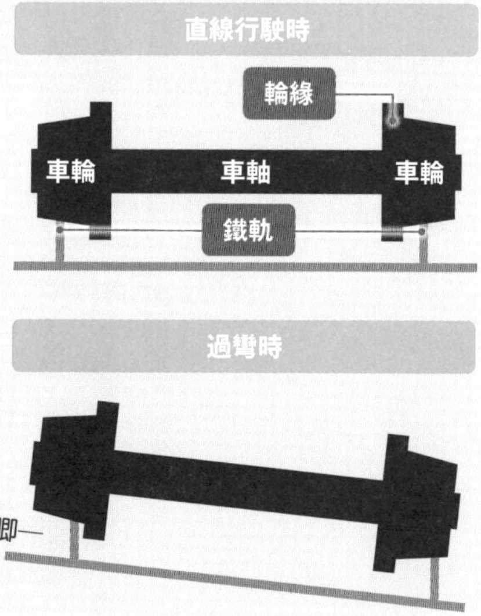

彎道部分會將外側鋪得比內側高，此高度稱為超高度。這種設計可以減少離心力的影響，讓電車過彎時更加穩定。

火災、緊急事態……遇到突發狀況時避免造成混亂的求救方法

緊急時有哪些可用的裝置？

只要有交通工具就會有意外，不管再怎麼注意安全，還是會有無法防止危險發生的時候。以鐵道來說，便潛藏著相撞、出軌、火災等風險，也因此車上都備有因應突發狀況的設備。

首先是**通報車內異常狀況的緊急通報裝置**。雖然不同鐵道公司或車種的功能會稍有出入，但基本上只要按下緊急按鈕，乘務員室的蜂鳴器就會響起，告知乘務員有異常發生。緊急通報裝置大多備有對講機，可以當場與乘務員通話。若沒有麥克風可通話，乘務員也會立即趕來，或在下一站做處理。遇到問題是要立即停下列車或先開往下一站得視狀況而定，各鐵道公司的規定也不盡相同。

由於車輛本身就是基於安全考量而設計、製造的，因此也可以說是一種因應突發狀況的設備。過去曾經有車輛是以易燃材質製成，但歷經火災事故造成傷亡後，**現在已經不再使用易燃材質**。

另外，若在隧道內發生火災，**不僅逃生困難，隧道也會被濃煙籠罩，更加危險**。因此列車不會停在隧道內，而會等駛出隧道後再做處理。

發生緊急狀況時可用緊急通報裝置聯絡乘務員

按下緊急按鈕
與乘務員通話或乘務員會前來確認

隧道內發生火災時的處理方式

發生在隧道內的火災容易造成濃煙密布，非常危險，通常列車必須離開隧道後再緊急停止。全長53.85km的青函隧道（連接北海道與青森縣的海底隧道）則是例外，隧道內設有2處可避難及逃往地面的「定點」，以因應突發狀況。

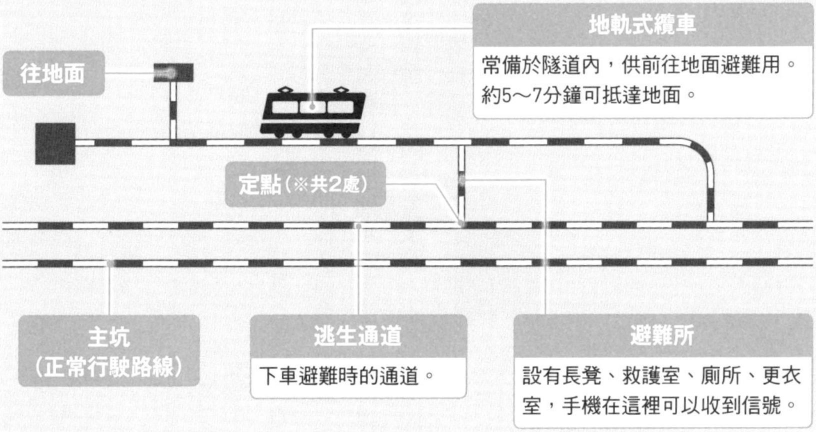
往地面
地軌式纜車
常備於隧道內，供前往地面避難用。約5～7分鐘可抵達地面。
定點（※共2處）
主坑
（正常行駛路線）
逃生通道
下車避難時的通道。
避難所
設有長凳、救護室、廁所、更衣室，手機在這裡可以收到信號。

TRAIN 13

交通IC票證是日本的技術結晶

IC晶片就像一台迷你電腦!?

相信許多人到日本都買過Suica或PASMO等交通IC票證。只要有一張，就不用每次搭電車時都得特地買票，非常方便。

IC票證上的IC晶片負責記錄、運算票證的資訊。就結構而言，IC晶片**與電腦一樣，具備處理資訊不可或缺的CPU，以及保存資訊用的記憶體**。換句話說，IC晶片就像是超小型的電腦。

IC卡可分為IC晶片裝在卡片表面的接觸型、IC晶片植入卡片內部的非接觸型，以及兼具兩者特點的雙介面型等三種。交通IC票證屬於非接觸型，過剪票口時，卡片只要輕觸剪票口的讀卡機，IC晶片就會記錄進站、出站資訊。

許多人應該都會好奇一件事：IC晶片並沒有電池，為何只要碰一下剪票口的機器就會有反應？

這是因為**卡片內有代替電池用的天線，可藉此從讀卡機接收到電，進而產生反應**。IC卡可說是展現日本優異技術實力的先進卡片。

交通IC票證的超高科技內部結構

天線

可接收讀取設備發出的電磁波。

IC 晶片

可以記憶資訊，基本結構幾乎與電腦相同。

交通IC票證為多層黏貼而成，內部藏有將資訊加密記憶的IC晶片，與可從讀取設備接收電波或發送電波至讀取設備的天線。

只需碰一下就能過剪票口的原理

①藉由電磁感應或微波供電給卡片

剪票口卡片讀取設備的線圈，在有電流通過時會產生電磁波，當IC卡接收到此電磁波，卡片就會有電。

卡片借助電磁波之力，因此不需要電池也能用。只要短暫碰觸一下就能過剪票口的設計，展現了極為出色的技術實力。

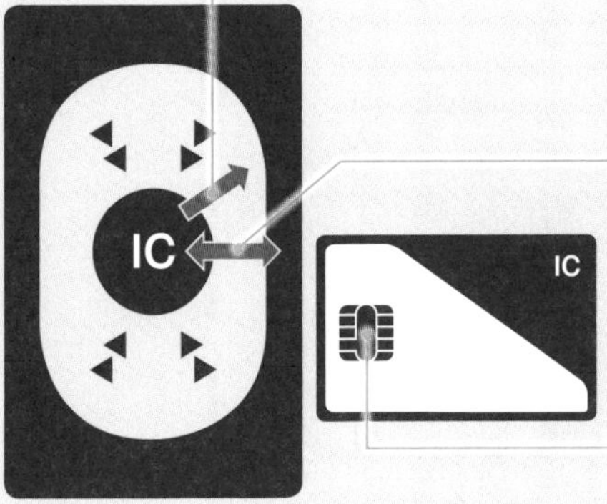

②透過天線進行資訊交換

天線會接收電磁波，將資訊送至IC晶片，同時並將進站紀錄、卡片餘額等資訊送往讀取設備。

③ IC 晶片會記錄資訊

晶片的功能類似電腦，會將資訊記錄下來。

TRAIN 14

因為事故或誤點而打亂的班次要如何恢復正常？

行控中心是列車運行的中樞

無論時刻表上的班次多密集，每一家鐵道業者都力求列車準點發抵。在通勤尖峰等時段，甚至可能每3分鐘就要發一班車。班次多對於乘客而言自然是好事，但可怕之處在於只要有一班車誤點，後續班次就會大受影響。

當發生狀況時，**讓列車運行恢復正常所進行的業務稱為運轉整理**，包括更改列車行駛時刻或順序、更改起訖站、停駛等作業。負責指揮的則是管理列車運行的行控中心。

能用越短時間讓列車班次恢復正常越好，因此**行控中心的控制員必須在短時間內做出正確的判斷、指示，而且需要盡可能具備足夠的技術與經驗**。只有熟知車站軌道配置及列車運行相關知識，並有辦法迅速判斷狀況者才能當上控制員。

由於有這群幕後英雄在發生颱風、大雨等災害及人身事故、停電、火災、侵入軌道等各種突發狀況時迅速因應處置，讓被打亂的班次恢復正常，我們才得以享受電車帶來的便利。

行控中心是列車運行的指揮中樞

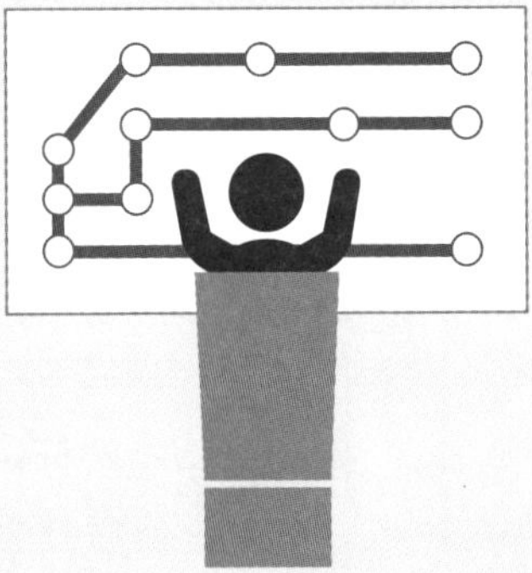

透過運轉整理讓班次恢復正常

- 確認狀況
- 更改行駛時刻
- 調整列車的行駛順序
- 部分列車停駛
- 更改起訖站（快速→普通、更改終點等）

班次被打亂時，必須盡可能縮小誤點範圍、設法盡快恢復正常運行。因此控制員會藉由各種方式管理列車的運行，避免產生更多誤點。

讓列車提前折返以追回延誤的時間

若開往 A 站的列車發生誤點

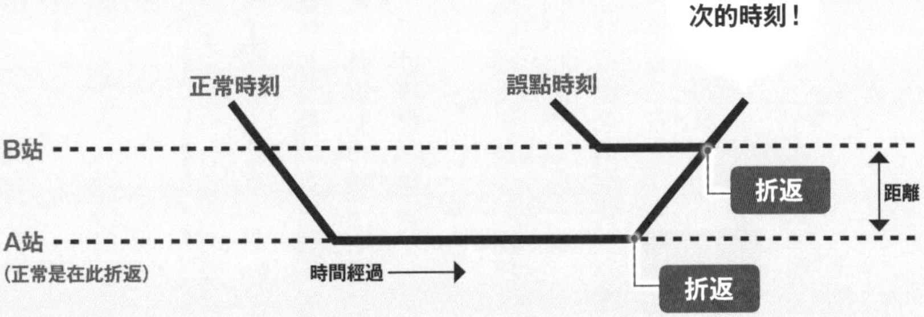
追上正常班次的時刻！

如果想追回延誤的時間，其中一個辦法是在原本的目的地之前就折返。但如果在尖峰時段使用這個方法，有可能造成嚴重混亂，因此通常會等到人潮沒那麼擁擠時再使用。

磁浮列車是如何行駛的？

藉由磁鐵驅動線性馬達

說到馬達，很多人想到的可能是旋轉馬達。但其實除了旋轉馬達外，還有以直線運動產生動能的線性馬達。以下先來說明線性馬達的運作原理。

線性馬達藉由磁鐵驅動，利用N極與S極相吸，N極與N極、S極與S極相斥的性質。鐵軌與車廂下方分別裝有磁鐵，一開始藉著N極與S極互相吸引使車輛前進，接下來再改變通過磁鐵的電流方向，使極性相反，形成同極互斥。這股互斥的力量便會化作車輛前進的助力。不斷重複這一連串的過程，車輛就會一直前進。

線性馬達在鐵道的應用，包括車輛不會懸浮的

鋼輪式線性馬達列車，以及列車會懸浮的超導磁浮列車。鋼輪式線性馬達列車與一般鐵道車輛的結構幾乎相同，都裝有車輪，不同之處是以磁鐵的力量驅動，而非旋轉馬達。

至於超導磁浮列車則是從1962年開始開發，鐵軌側面的牆壁也是以磁鐵打造，透過強大的電磁力使列車以懸浮狀態行駛。**特色是由於不接觸地面，因此行駛起來感覺更為順暢、具有速度感**。目前計畫在2027年開通的中央新幹線便是採用超導磁浮列車。

不旋轉的線性馬達是如何運作的？

一般（旋轉式）馬達

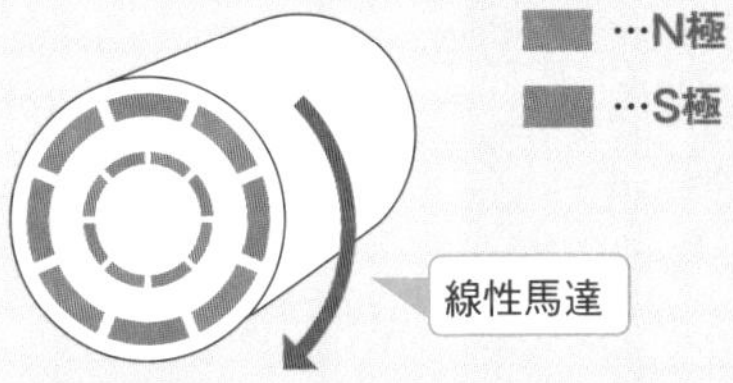

將磁鐵的N極與S極交叉排列並捲成圓筒狀，便會因為不同極相吸、同極相斥產生力而旋轉。

旋轉運動

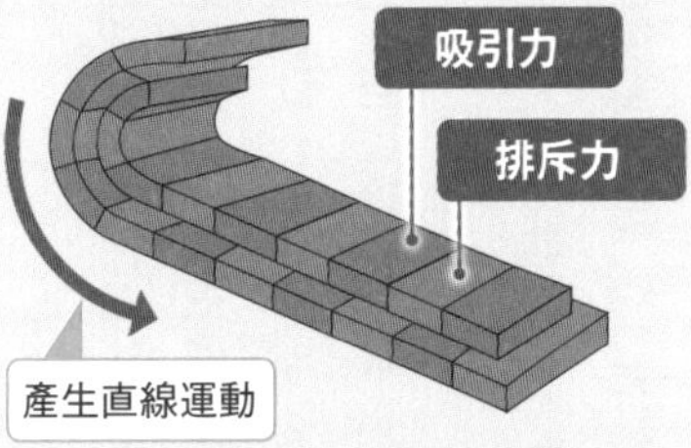

線性馬達是將旋轉馬達攤開為直線狀，憑藉磁力產生線性運動。

超導磁浮列車的原理

車輛正上方的俯視圖

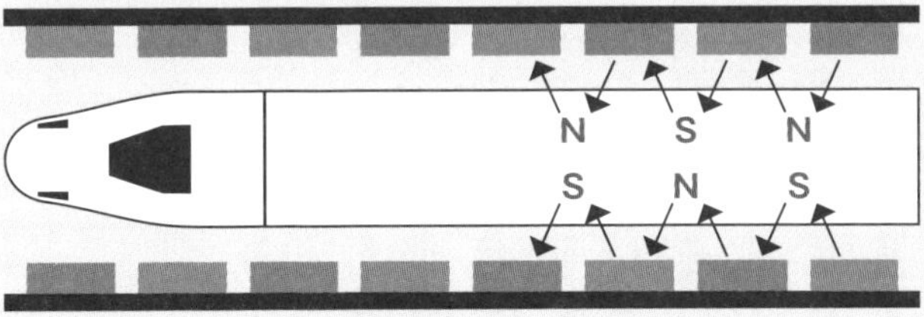

車輛及牆壁都裝有磁鐵，藉由磁鐵的力量前進。這是利用了N極與S極的吸引力，N極與N極、S極與S極的排斥力。

從正面看車輛

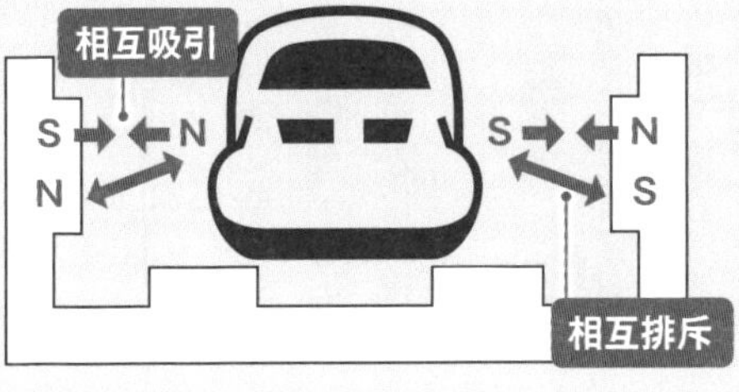

超導磁浮列車利用了安裝在列車導軌（牆壁）的不同極性磁鐵所產生的力。上方的磁鐵會相互吸引，下方的磁鐵會相互排斥，藉此使車輛在懸浮狀態下前進。

自動駕駛的風潮也吹向鐵道界

已經有自動駕駛的車輛上路

汽車的自動駕駛是近年來的熱門話題，但其實鐵道也正在發展這塊領域。由於未來可能出現司機員短缺的狀況，因此自動駕駛被視為解決這個問題的救星。

鐵道的自動駕駛可依自動化程度高低分為許多種類。有的是仍由司機員主導列車行駛，列車自動運轉裝置僅輔助一部分功能；有的則是行駛工作全部交給列車自動運轉裝置，但乘務員仍會隨車以防萬一。

有些路線已導入了自動駕駛。一般認為，**透過沒有平交道、設置月台門等設計防止人、車侵入軌道的路線，比較容易做到自動駕駛**。因此，某些滿足上述條件的地下鐵及單軌電車，皆已半自動駕駛。雖然許多列車都還需要司機員，但目前導入自動駕駛的路線正逐漸增加，自動化的程度也一步步提升之中。

不過**也有路線已經完全做到自動駕駛，以無人駕駛的列車提供服務**。在東京連接台場與豐洲的「百合海鷗號」便是一個例子。列車最前方雖然有駕駛座，但只會在緊急時使用，平常乘客也可以坐，因此能欣賞從車頭望出去的景色。

列車自動運轉裝置「ATO」的架構

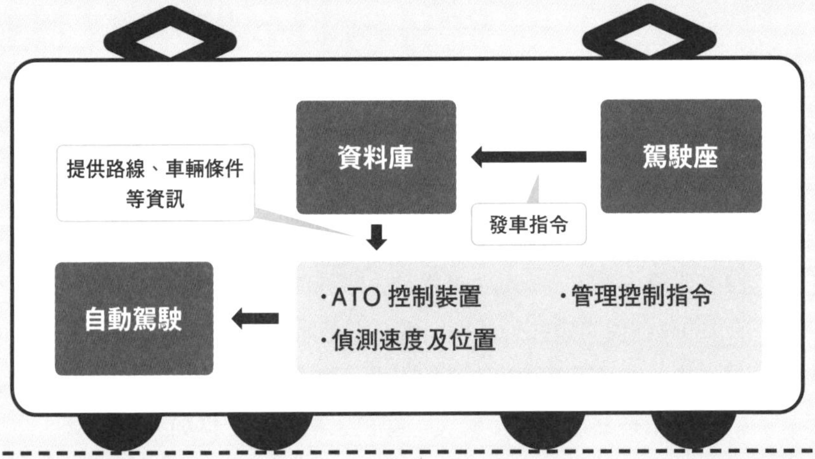

搭載了ATO裝置的列車在司機員確認安全完畢，下達發車指令後就會自動控制加速及減速。

搭無人駕駛列車還可以坐上駕駛座！

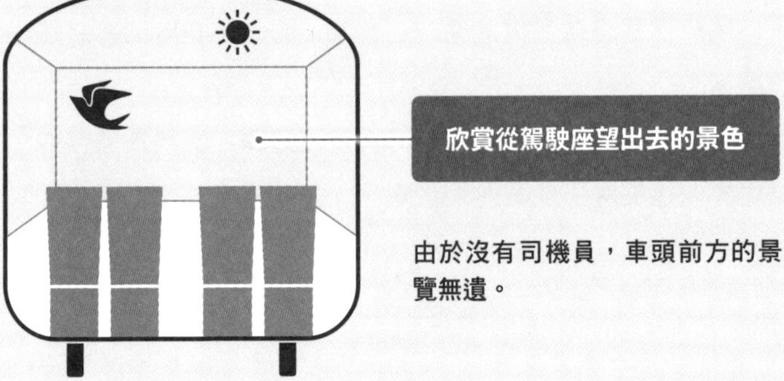

由於沒有司機員，車頭前方的景色一覽無遺。

Column 2

鐵道變與不變的部分

2022年正好迎來日本鐵道通車屆滿150年，新聞、媒體都有許多報導，平時沒有關注鐵道的人或許也知道這件事。

150年前沒有現在的技術，這一點是無庸置疑的。隨著技術的進步，機械不斷更新，但相對地，費用也更為昂貴，因此有許多設備雖然已經歷史悠久，卻仍未被淘汰。例如，1963年首度亮相的103系電聯車曾在日本各地奔馳，雖然目前數量已不如以往，但過了60年後，仍堅守在第一線。

搭車時用到的車票則相反。1963年時甚至還沒有背面是黑色的磁卡車票及讀取磁卡車票用的自動剪票機，但如今交通IC票證已經成為主流，並已經在實驗使用QR Code或臉部辨識的剪票機。

販售車票的綠色窗口最早是在新幹線通車後的1965年設立的，但由於民眾現在習慣透過網路訂票，因此許多窗口都將陸續關閉。

從這些趨勢與現狀來看，鐵道可說是歷史與尖端科技並存的神奇世界，這或許正是其迷人之處。

第3章

鐵道的歷史與未來

鐵道對當今世界的發展具有重大貢獻，不過你知道鐵道是何時出現的、今後又會如何發展嗎？這一章將介紹鐵道的過去、現在、未來。

為何會有鐵道？

鐵道的起源是為搬運重物所發揮的智慧

承載鐵道車輛的鐵軌下方鋪有一條條間隔相等的木條，稱為枕木，作用是支撐鐵軌。為了避免枕木陷入地面，還會再鋪上名為道碴的碎石，稱作道床。平時所說的軌道，是鐵軌與其下方的枕木、道床的總稱。**在軌道上行駛、移動的交通工具便是鐵道**。

順帶一提，在鐵軌上行駛所不可或缺的車輪，歷史可以追溯到古埃及時代。興建金字塔時，為了搬運石塊所用的圓形木材便是最原始的車輪。建築工人將石塊放在圓木上再拉動木材，可以減少因摩擦產生的阻力，更容易運送物品。換句話說，**車輪就是從這種圓形木材演變而來**。

其實在古希臘時代就已經建造了道路供運送貨物的馬車行駛。直到18世紀，馬車都還是主要的運輸方式，但在英國發明蒸汽火車後就被取代，最後逐漸失去了蹤跡。古埃及這種為了運送重物而發展出的智慧可說是鐵道的起源。

車輪是從圓形的木材演變而來

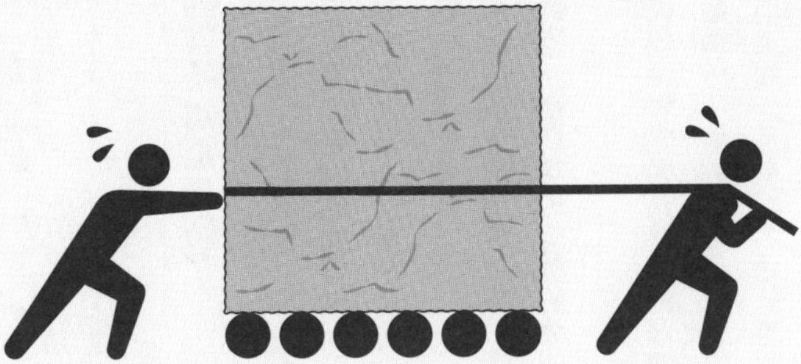

搬運重物時為了方便移動，會在下方鋪上圓形木材，車輪便是應用了這項智慧而誕生的。

使用鋼鐵打造可以減少行駛時的阻力

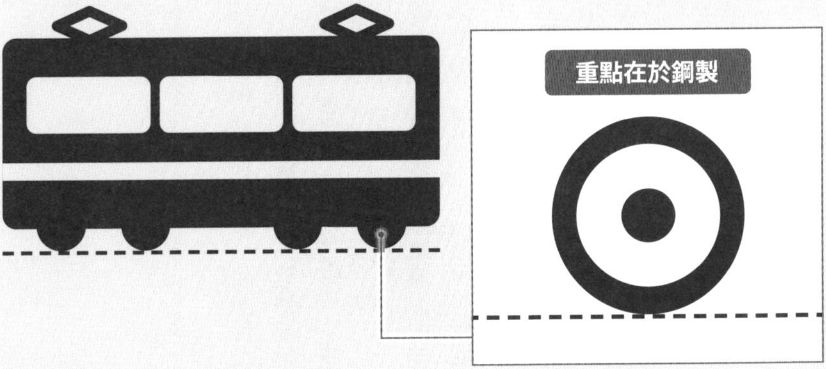

鋼製的鐵軌與車輪可以減少摩擦，提升行駛效率。

「電車」、「列車」等稱呼要如何區分？

不用電的就不叫電車嗎？

在日本會將鐵軌上行駛的交通工具一律稱為「電車」，已經是約定俗成的習慣。雖然在日常生活中不需要分得太細，但還是在此介紹，希望大家能正確區分鐵道車輛。

大家最熟悉的鐵道車輛稱呼就是「電車」。不過嚴謹定義的話，**使用電力行駛的才叫電車**（電聯車）。

至於**搭載內燃機等動力源行駛的車輛**，在日本則稱為**「氣動車」**。氣動車最具代表性的例子是柴聯車，使用柴油作為燃料，藉此驅動柴油引擎提供動力。雖然現在已經不存在，但過去還有使用汽油當燃料的汽聯車，這也是氣動車的一種。

氣動車一般被稱為「列車」，而不是以「氣動車」稱呼，但由於除了集電弓，氣動車與電聯車的外觀幾乎沒有差異，因此也經常一律都稱為「電車」。

換句話說，「列車」指的是載運人或物品在軌道上行駛的車輛，電車（電聯車）、氣動車都包含在內。其實每一種稱呼各有嚴格的定義，對一般人而言，要能正確區分並不是一件容易的事。

稱呼隨動力及功能有所不同

電聯車=以電為動力，不需機車牽引

機車=用於牽引沒有動力的車廂

電聯車的動力源是電，而且不需要機車牽引，簡稱電車。

行駛在軌道上的鐵道車輛總稱為列車

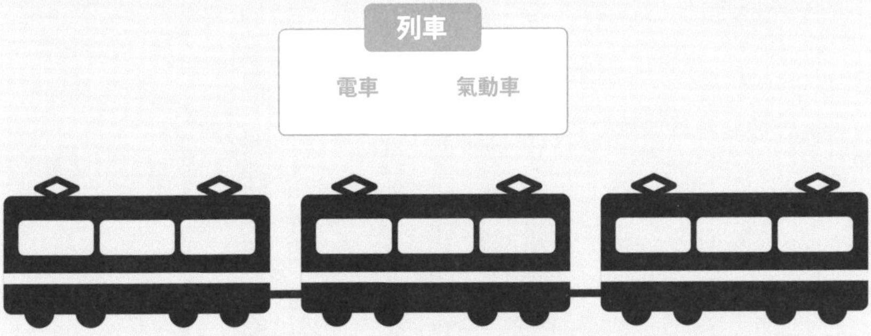

在軌道上行駛並載運人或物品的車輛總稱為列車。除了電聯車、氣動車以外，近年來還出現了蓄電池電聯車、燃料電池混合動力電聯車等五花八門、不同形式的車輛。若感到困惑不知如何稱呼的話，不妨統稱為列車就好。

德國最早有電車上路

生於德國，在美國取得成功

1879年在德國柏林舉辦的工業博覽會，展出由小型電力機車牽引3節車廂，在一圈300公尺的軌道上行駛。雖然最高速度僅時速13km，大概和慢慢騎腳踏車的速度差不多，但這是值得紀念的**全世界最早電力鐵道車輛（以電為動力的鐵道車輛）**。兩年後的1881年，**全世界最早商業運行的電車在柏林登場**。

但一開始的電車只是運輸規模相當小的路面電車，無法做到現代般的大規模運輸。車輪的驅動方式在當時仍有無法突破的瓶頸。

能同時控制多節車廂的總括控制問世之後，對電車的發展帶來了重大貢獻。由於過去是以車廂為單位控制馬達，每節車廂都必須配置司機員。當時仍被視為新興國家的美國，透過技術革新克服了這項問題。

進入20世紀後，美國在1903年開發出可自動加速的總括控制裝置供紐約地下鐵使用。如此一來，一列電車可編組更多節車廂，讓電車逐漸在都市交通運輸中扮演起重要角色。

使用電力的鐵道車輛誕生於德國

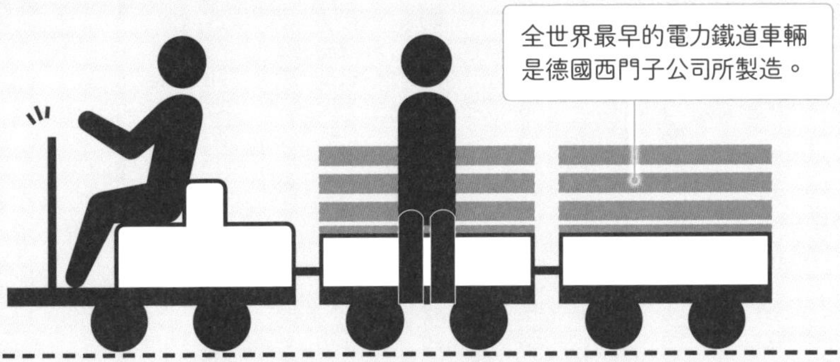
全世界最早的電力鐵道車輛
是德國西門子公司所製造。

小型電力機車牽引做成長凳狀的車廂，
於鋪設在博覽會會場的鐵軌上行駛。

總括控制讓電車有了突飛猛進的發展

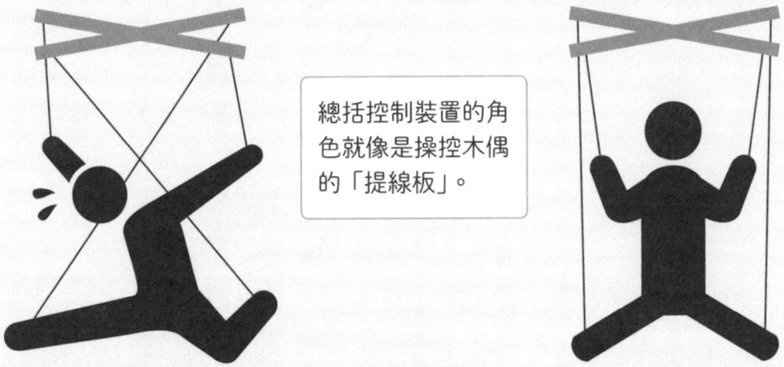
總括控制裝置的角
色就像是操控木偶
的「提線板」。

過去配置於每節車廂的司機員必須彼此互相配合，一同控制整列電車，因此有許多困難之處。由一名司機員總括控制多節車廂的新技術問世後，讓鐵道有了更多可能性。

為何日本以電聯車為大宗？

電聯車的特點可滿足日本的特殊需求

日本的鐵道車輛幾乎都是電聯車。其他國家大多是以電力機車為主，為什麼日本的主流是電聯車呢？

電聯車的最大特色是動力分散於各車廂。如此一來，在發揮性能時可以一同分擔必要的動力，每具馬達也可以做得比較小。但相對地，由於電聯車的結構複雜，得付出更多保養維修成本。基於這一點，各國根據國情做出了不同選擇。例如，歐美偏好電力機車，用在長途列車及法國的TGV等高速鐵道。

日本則有所不同。**與其他國家相比，日本具有對於軸重（每根車軸平均重量）的限制較嚴格，且列車運行密度高、多急彎等特殊性**。如果放寬現行的軸重限制，就能導入更有力的高輸出機車，但由於日本較多鬆軟的地層，有發生重大事故之虞，因此難以實現。

另外，電力機車在折返時需要重新連結車廂，會耗費多餘時間，且重量在急彎會對軌道造成巨大負擔。考量到以上因素，電聯車在日本較電力機車更有優勢，因此成了日本鐵道車輛的主流。

電聯車更符合日本的需求

①有嚴格的軸重限制

日本有許多鬆軟的地層，因此有軸重須在18噸以下的限制。順帶一提，美國過去曾有被暱稱為「Big Boy」，總重量達548.3噸的蒸汽機車。

②列車運行密度高（班次密集）

日本的列車運行密度在世界上可說是首屈一指。日本人的民族性造就了優異的列車運行正確性與技術實力。

③路線多急彎

電聯車可將動力機組分散，因此即使軸重小也不成問題。另外，由於不需要機車牽引，很容易調頭折返，有助於減輕準點的壓力。另一項優點是因為重量輕，以高速行駛於急彎時也不會造成鐵軌的負擔。因此電聯車是最符合日本需求的車輛。

TRAIN 5

日本的電車史起源於路面電車

最早的電車來自美國

1890年於上野公園舉辦的第3屆內國勸業博覽會，進行了日本第一次電車行駛演示。使用的車輛是從美國進口的路面電車，載運入場參觀的民眾行駛在鋪設於會場的鐵軌上。

5年後的1895年，**京都電氣鐵道開始路面電車的商業營運，這是日本最早的商業電氣鐵路**。

相當於現今JR中央本線的甲武鐵道飯田橋～中野路段，於1904年開始商業營運。這是日本最早非路面電車的一般鐵道。值得注意的是，無論是京都電氣鐵道或甲武鐵道，車輛雖然都是日本國產，但掌管行駛的機械幾乎都是美國製。

1905年通車的阪神電氣鐵道則被視為連結都市與都市的城際鐵道先驅，這其實是效法當時美國已經普及的路線系統。

日本的鐵道有許多技術都是自英國引進後發展起來的，但在迎來電車時代之際則多為仰賴美國的技術。

日本最早的電車出現在上野公園

全世界第一款電力機車為西門子製造，於柏林的工業博覽會亮相。經過11年後，上野公園進行了路面電車的行駛演示，揭開日本電車歷史的序幕。

窄軌與標準軌

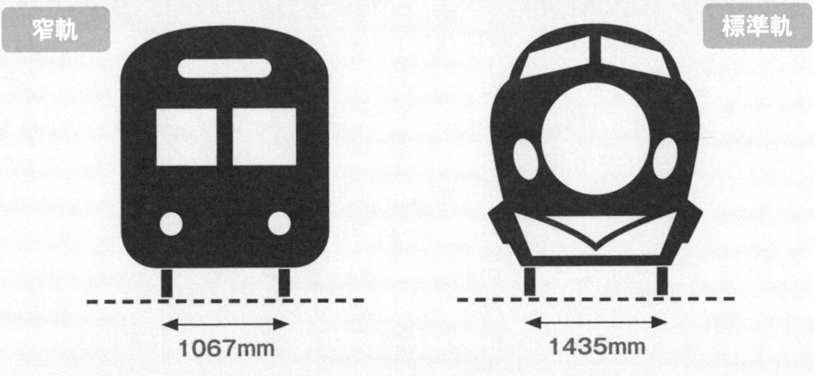

軌距（軌道寬度）有不同種類，世界上的主流為標準軌（1435mm），不過日本從鐵道車輛開始出現的明治時代開始，便以窄軌（1067mm）為主。京都電氣鐵道的路面電車也是採用窄軌，至於新幹線則是標準軌。

鐵路電氣化成為國家政策後，日本走向自行開發之路

電氣化是能源政策的一環

明治時代後期開始發展的電車，在大正至昭和時代初期迎來成長期。**日本政府在1919年決定將國有鐵道的幹線電氣化。**有一說認為，為了增強國力，蒸汽機車的燃料用煤必須轉給工業生產使用，因此政府才推動電氣化政策。

就在此時，日本的第一條地下鐵（東京地下鐵道）在東京通車，路線相當於現在東京Metro銀座線淺草～上野間的路段。這個時期陸續有電氣鐵道公司成立，鐵路沿線開發也展現蓬勃商機。其背後原因是人口以大都市為中心快速成長，人潮群聚使得市區發展起來，因此自然需要大眾運輸工具代步。

東京地下鐵導入的新車輛使用的是美國的電車技術，不過後來車輛便轉為國產化。但主馬達及控制裝置等主要電機設備實在無法一夕之間從頭開發。**在改走國產化路線之初，日本與英美的電機製造商技術合作，累積了知識與經驗後，才得以由日本的工程師開發出適合日本鐵道的電車。**

從燒煤（蒸汽）到電氣化

蒸汽機車的燃料是煤。

由於能源政策的關係，原本用於蒸汽機車的煤改用在發展工業上。

由於地形多起伏及多河川，日本適合水力發電。

隨著用電需求增加，日本興建了許多水力發電廠，到1950年代為止，水力都是主要的發電方式。

基於國家政策，電車取代燒煤的蒸汽火車成為主流。

令各國驚嘆的日本鐵道技術

用國外的技術發展出日本的特色

第二次世界大戰後，日本原先停滯不前的電車技術因為國鐵在1950年推出「湘南電車」當中距離普通列車使用，出現了復甦的跡象。10年後國鐵推動的動力現代化計畫，成為日本國內客運列車電氣化的分水嶺。

1958年時，國鐵開發的特急列車「回聲號」於東海道本線登場。回聲號為長距離特急列車，正好與現在的東海道新幹線列車名稱相同，不僅重新調整了將動力傳送至車輪的驅動方式，舒適度也較過去的列車更佳。回聲號實現了國鐵想追求東京～大阪間當天來回的目標，將兩地間的車程縮短為單程6小時50分。

新幹線的「光號」則在回聲號登場6年後誕生，於東京奧運的舉辦年1964年首度亮相，**並創下世界鐵道史首次有列車以超過時速200公里商業營運的紀錄**。

歷經戰火洗禮後過了19年，日本的新幹線令全世界的鐵路工程師驚豔不已，這得歸功於日本的工程師持續不懈的努力。日本的電車技術幾乎全都學自海外，多虧工程師們全心全意研究如何應用、發展，才得以在先天條件特殊的日本發揚光大。

「回聲號」實現了東京～大阪一日生活圈

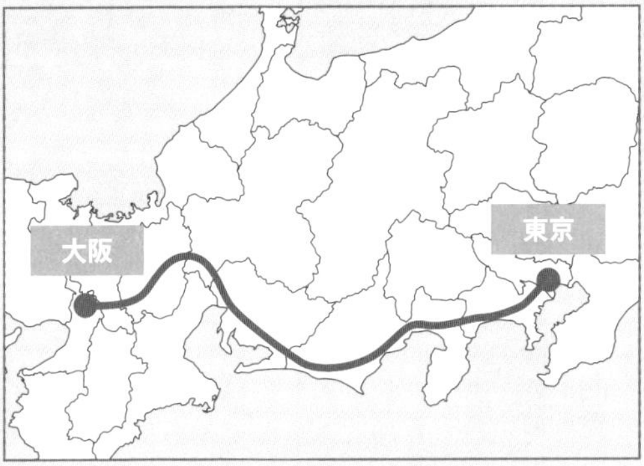

在「回聲號」登場以前，東京～大阪間最快的列車是車程7小時30分的特急「燕子號」。這在當時已經是非常驚人的速度，但仍舊無法當天來回。至於現在的新幹線「希望號」行駛這條路線的車程約2小時30分。

採用國外技術以加速發展

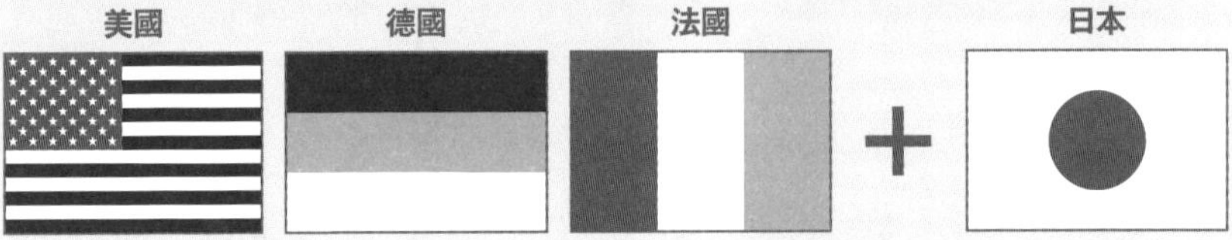

總括控制、驅動方式、電車不可或缺的電氣化方式、實現高速行駛所需的各種技術使用的是美國、法國、德國等國已經成熟的既有技術。如此一來便可在短期內發展出電車技術。

日本並不是原封不動採用國外的技術。日本的工程師配合本國特殊的鐵道環境不斷嘗試後，終於打造出全世界最快的新幹線。

國鐵民營化轉型為JR後有何改變？

藉由民營化改善經營體質

國鐵（日本國有鐵道）在1987年轉型為民營公司JR，開創了新的歷史。**國鐵過去為全國統一的組織，民營化後分割為7家公司，分別是北海道、東日本、東海、西日本、四國、九州等6家旅鐵公司與JR貨物**。

走向民營化的重要原因之一是龐大的赤字虧損，國鐵的負債最終達到了37兆円。為何國鐵會落到如此地步？

主要原因是高度經濟成長使得鐵道建設需要大量投資，以及汽車的成長。隨著自用車普及化，鐵道的使用者一下子減少了許多。

另一項因素是國鐵的經營型態。國鐵採取全國統一的經營方針，**其實應該配合首都圈及各地的不同需求靈活調整，但國鐵的組織結構做不到這一點**。

此外，國鐵是以「公社制度」經營，雖是獨立經營，但重要決定事項皆須得到國會許可。因此即使已經到了必須調漲票價的經營狀態也得不到政府許可，無法以合理的票價經營。

種種因素使得國鐵的赤字累積持續攀升。為使經營更加健全，除了分割民營化，還以出售國鐵的土地及股份、由JR及國民償還等方式處理巨額赤字。

國鐵分割為6家旅鐵與1家貨運公司

JR希望透過民營化在經營上更貼近地方需求。經過一番努力，東日本、東海、西日本等公司皆成功創造盈餘，股票公開上市，九州隨後也跟上腳步。

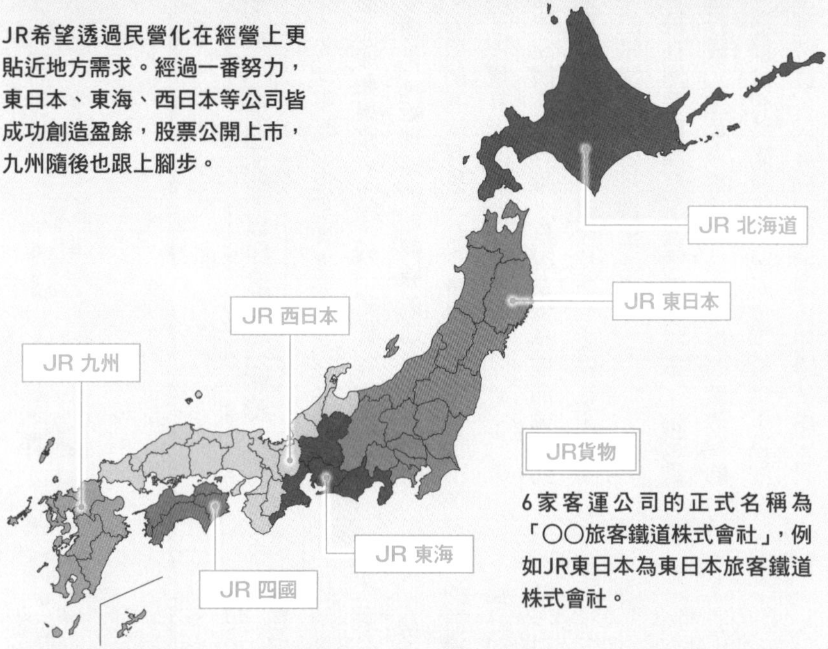

6家客運公司的正式名稱為「○○旅客鐵道株式會社」，例如JR東日本為東日本旅客鐵道株式會社。

造成國鐵累積巨額赤字的原因

無法因應急速經濟成長與人口集中於都市的現象，需要高額投資充實鐵道建設。

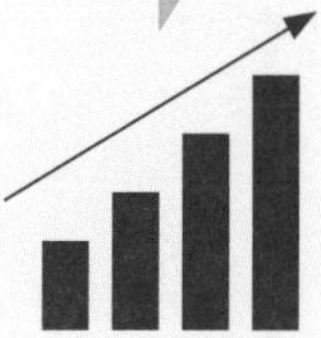

汽車普及使得民眾減少搭乘鐵路運輸（國鐵）。

公社制度及統一化的組織，使國鐵難以扎根地方健全經營。

新幹線是如何誕生的？

「光號」締造了全世界最快的紀錄

1964年舉辦的東京奧運是首次在亞洲舉辦的奧運，連結東京～大阪的「新幹線」也是在這一年通車。**新登場的新幹線成功以超過時速200公里的速度行駛**，將列車命名為「光號」正是為了表現其高速。

國鐵決定興建新幹線，是因為當時東海道線的運輸量已經飽和。肩負著大都市間交通往來之重責大任的鐵道，勢必得做出改變。

新幹線在開發時集結了各種既有技術。由於追求穩定行駛，因此未採用新技術，以降低故障的疑慮。這些既有技術包括了已經使用於地下鐵的自動控制裝置，以及小田急浪漫特快所使用，可適用於高速行駛的剎車。另外，鋪設在軌道用於固定鐵軌的枕木過去是以木製為主，為承受新幹線的高速行駛，採用了混凝土製枕木。混凝土枕木最早是由東海道本線在1951年導入。

為了減輕司機員眼前景物不斷飛逝而過所形成的負擔，駕駛座也經過特別設計，提供司機員更良好的視野。新幹線誕生至今60年仍持續精益求精，以期在今後依舊能兼顧速度與安全性。

流線型車身有助於高速行駛

0系(1964年～)

E8系(2024年～)

新幹線的歷代車輛都以造型獨特著稱。為了追求更快的速度，因此選用車頭前端細長的流線型設計。

鐵軌也隨處可見新幹線特有的巧思

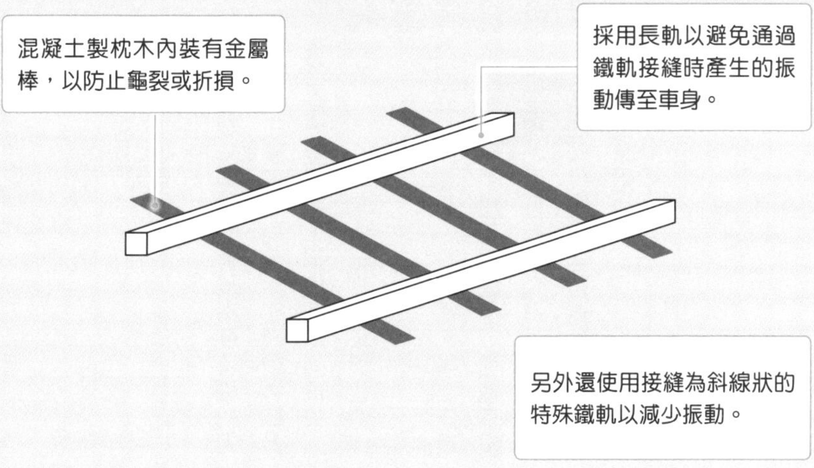
混凝土製枕木內裝有金屬棒，以防止龜裂或折損。
採用長軌以避免通過鐵軌接縫時產生的振動傳至車身。
另外還使用接縫為斜線狀的特殊鐵軌以減少振動。

TRAIN 10

為什麼臥鋪列車越來越少了？現在還搭得到嗎？

夜間列車已經失去了優勢

在1970年代中期以前，臥鋪列車（日文稱為寢台列車）曾經風光一時。**這是種大部分車廂以臥鋪取代座椅的夜間列車**。當時還有許多路線是就算趕不上最末班的新幹線或飛機，只要搭乘夜間列車就能在隔天一早抵達目的地。而且有些路線甚至比最早班的新幹線或飛機早上好幾個小時，對有出差需求的上班族來說很重要。

但現在夜間列車已經所剩無幾了。除了貨物列車以外的定期夜間列車，就只有往來東京〜出雲、高松的「Sunrise出雲號」與「Sunrise瀨戶號」而已。

臥鋪列車持續消失的原因之一在於交通工具的多元化。除了新幹線延伸的影響及深夜時段的人事費用等問題外，主要競爭對手——噴射客機及車資低廉的夜行巴士登場等，都使臥鋪列車失去了優勢。國鐵在1976年大幅調漲車資也造成了一定影響。

行程來得及的話，只要前一晚或當天早上搭新幹線或飛機就好。如果不想花錢住宿，也還有便宜的夜行巴士可選擇，而且近年來還多了廉價航空這個選項。上述的時代變遷無可避免地導致夜行列車、臥鋪列車的衰退。

睡上一覺就能抵達目的地是一大賣點

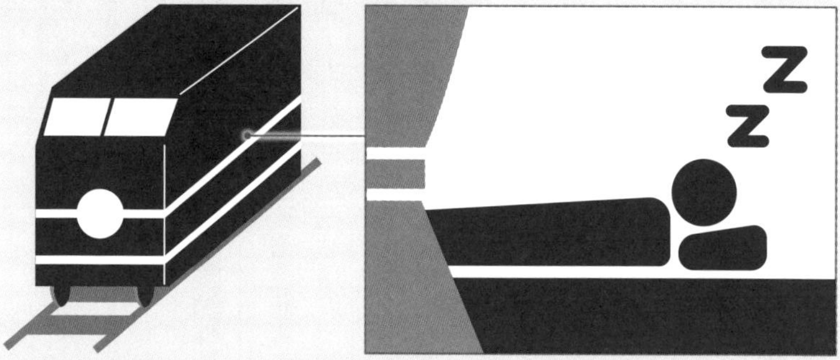

臥鋪列車（夜間列車）的一大賣點，就是出差前一晚不用太早從家裡或公司出發，隔天一早就能抵達目的地。JR東日本等業者目前推出的郵輪式列車，讓搭乘臥鋪列車這件事本身成為一種享受。

臥鋪列車消失的原因

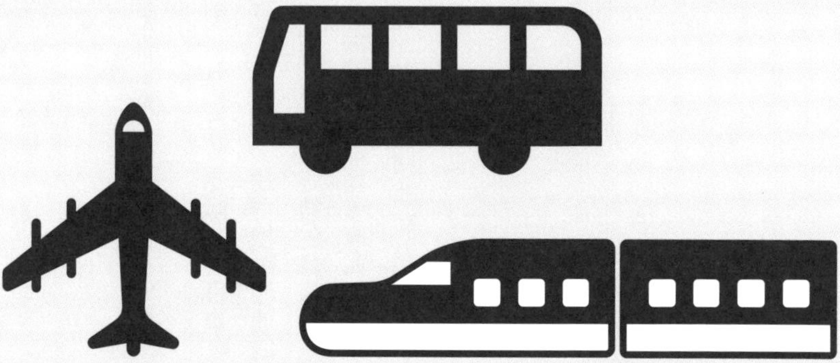

主要原因是其他競爭對手從速度到價格、舒適度等方面更具優勢且更為便利，使得臥鋪列車失去了吸引人搭乘的誘因。

為何貨物列車在日本不是主要運輸手段？

高度經濟成長期是運輸量的分水嶺

鐵道運輸的優點在於能夠載運體積大、重量重的貨物。除了工業製品及石油類外，載運的貨物還包括了食品、宅配商品等日常生活用品。

貨物鐵道的起點是日本全國約150座的貨物車站。裝入貨櫃的貨物會集中於此，用列車運往各地。貨櫃就像是收納貨物的箱子，有鐵道貨櫃、航空貨櫃等多種規格，高度、寬度、總重量各不相同。另外還有一種多式聯運貨櫃（複合運輸），不用將貨物搬入、搬出，也能以船舶、鐵道、汽車等不同運輸工具接力載運。

日本的貨物運輸以使用卡車的公路運輸為主。長距離貨物列車在國土廣闊的美國等國家是主流，日本則正好相反。原因在於日本在高度經濟**成長期建立了公路網，使得機動性佳的卡車運輸更受青睞。**但相信日本今後的鐵道貨運並不會完全被卡車運輸取代。畢竟卡車司機短缺已成為當前重大議題，因此鐵道貨物運輸又重新得到重視。

日本的貨運以汽車為主

美國、加拿大等幅員遼闊的國家，是以使用長途列車的鐵道貨運為主。而日本則是在高度經濟成長期建立了綿密的公路網，因此主要藉由卡車運送。

什麼是多式聯運貨櫃？

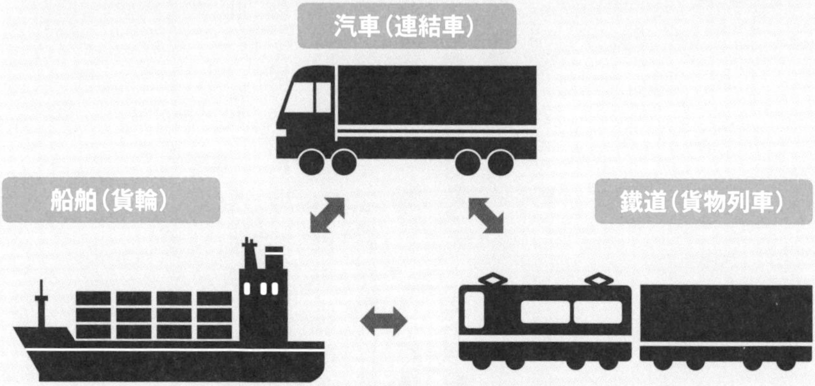

使用國際性統一規格的多式聯運貨櫃，船舶、鐵道、汽車、飛機等不同運輸方式便可相互搭配組合，而且不需搬出貨櫃內的貨物，得以迅速運送至最終目的地。

鐵道因時代變遷所面臨的課題

關鍵在於分散搭乘

鐵道雖然是重要的大眾運輸工具，現在卻面臨了**乘客減少**的嚴重課題。

現代人的移動方式包括了步行、腳踏車、機車、自用車、巴士、鐵道、飛機等，有各式各樣的選擇。

其中乘客數量衰退最明顯的，是民眾過去習慣當作通勤或購物代步工具的鐵道。**原因在於少子化造成人口減少，以及汽車的普及化**。另外，近年來興起的**居家上班也造成了不小的影響**。

無論原因為何，如果乘客持續減少下去的話，鐵道業者勢必會難以經營。但由於鐵道具有公共財的性質，因此無法單以商業觀點論斷其價值。

此外，乘客也不是單純越多越好。大眾運輸工具會配合需求最高的時刻調整設備，就像鐵道會視尖峰時段的乘客人數準備足夠的車輛，但在乘客較少的平日白天，這些車輛就只能停在機廠。

若將鐵道視為一種資源，為了盡量避免資源浪費，最重要的是分散通勤、上下學時段，在各種不同時段搭乘。因此，在人潮較少的時段搭乘鐵道也相當於為未來的大眾運輸盡一份心力。

鐵道與道路的共存問題

許多都市長年以來存在「等到地老天荒的平交道」等各種問題。為了讓鐵道持續造福民眾，目前正逐漸推動立體交叉、地下化等必要工程。

日本逐漸成為汽車社會

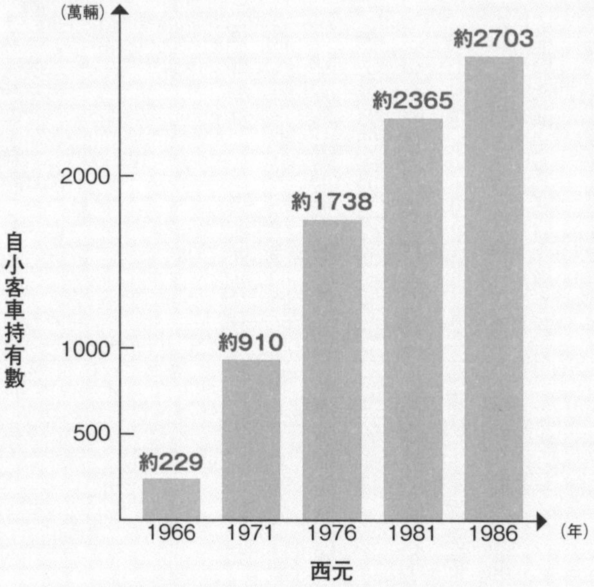

※根據一般社團法人汽車檢查登錄資訊協會《各車種（明細）持有數量表》製作

由於高度經濟成長使得國民生活水準提升，日本在1965年前後開始步入汽車 社會。自小客車持有數量在1966～1986年的20年間，增加了近12倍。

環保議題興起讓路面電車重新受到矚目

發揮路面電車的特殊優勢

路面電車是在一般道路上行駛的小型電車，主要用於短距離移動，**最大特色就是行駛於鋪設在道路上的軌道**。日本最早的路面電車是1895年的京都電氣鐵道，這也是日本最早的商用電氣鐵道。

路面電車直到昭和時代都還是日本民眾重要的代步工具，但戰後由於汽車成了道路交通的主角，因而逐漸消失。

雖然現在看來，路面電車已經功成身退，但**環保議題的興起使路面電車再次被提起**。歐洲對會排放二氧化碳的汽車管制日益嚴格，甚至有國家禁止汽車進入市區。在此風潮下，**LRT（輕軌運輸系統）**成為都市交通系統中不可忽視的一員。雖然輕軌並沒有明確的定義，但大部分皆為行駛於專用軌道，使用低底盤等無障礙設計的車輛，是方便所有民眾搭乘的大眾運輸系統。

日本將舊有路面電車中符合上述條件的路線稱為LRT。2023年8月通車的「宇都宮輕軌」是日本第一條新完工通車的輕軌，或許路面電車未來將會在日本捲土重來。

東京的路面電車

日本全國目前仍在經營的路面電車業者不到20家。東京雖有都電荒川線與東急電鐵世田谷線兩條路線運行，但後者是行駛於新鋪設的專用軌道，而非一般道路。不知未來是否會再次出現路面電車行駛於東京都心道路的景象。

無障礙化的低底盤路面電車

過去的路面電車　　低底盤車

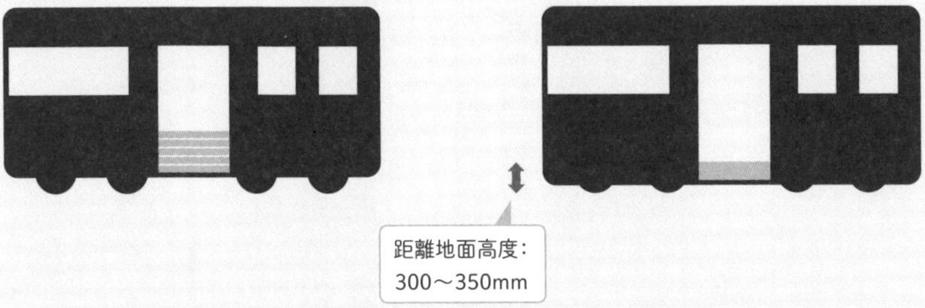

過去的路面電車大多有階梯，低底盤車的地板、車門與月台幾乎是相同高度，對於年長者及乘坐輪椅者更加友善。

TRAIN
next 14

虧損路線會被廢除嗎？公共運輸所扮演的角色

日本至今有許多偏遠地區的鐵道路線已遭廢除，主因是乘客減少所導致的虧損。

偏遠地區的交通終究不敵時代變遷

由於人口減少與汽車的普及，偏遠地區路線的乘客每年不斷減少。與1970年代中旬相比，某些路線的乘客量甚至是過去的十分之一。鐵道的優點是可以一次載運大量乘客，許多路線即使過去能夠充分發揮此優勢，但現在光是營運經費就已經是一大負擔。

如此一來，配合當地需求將大眾運輸工具替換成營運成本較低的巴士也是很正常的。而且只要有道路，巴士就可以自由往來，還能直接停在民眾最常造訪的公家機關、學校、醫院等設施門口。

但也有因為乘客仍然持續減少而入不敷出，連巴士都被迫停駛的案例。近年來巴士司機不足同樣是一大問題。

民眾重要的代步工具是否可以因為虧損而不再經營？若要解決這個難題，勢必將成本較為低廉的新交通系統等，更加符合時代潮流的地方交通規劃納入考量。

偏遠地區的鐵道路線改由巴士接手

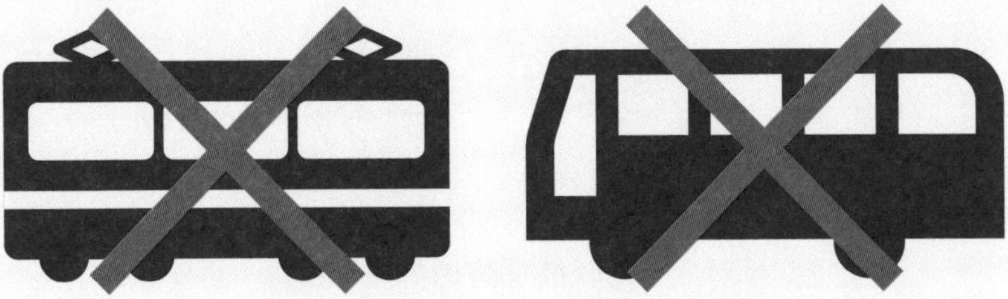

人口稀少的小城鎮或人口持續外移的地區不斷有鐵道路線減班或是停駛，巴士因而成為當地居民唯一可依靠的大眾運輸工具。但也有地方因為乘客仍不斷減少，連巴士都被迫停駛。

「需求反應式計程車」近年逐漸增加

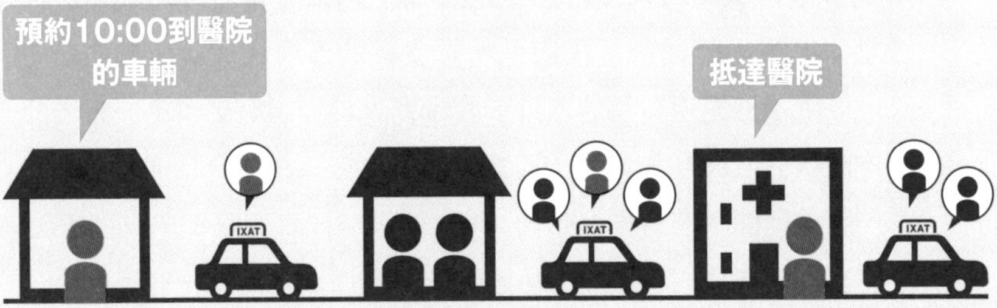

需求反應式計程車是一種可事先預約的共享計程車。各地的搭乘方式不盡相同，有的地方可在自己家門口上車；有的地方則比照巴士，有固定的上下車地點。車資通常為成人每人300円至500円左右，價格較搭乘一般計程車低廉。

Column 3

搭遍JR所有路線後得到的體悟

鐵道迷的夢想之一，就是搭遍JR的所有路線。要達成這項夢想，必須將總長度約20000公里的每一條JR路線從頭搭到尾。我從成為鐵道迷的高中時代開始，花了約10年時間，終於在2017年圓夢。

其實2017年也是我轉換跑道開始當YouTuber的一年。在當YouTuber之前，我的心思主要放在搭遍所有路線這件事上。達成目標後我開始思考，接下來要以何種方式享受鐵道的樂趣。有些人選擇搭遍私鐵在內的日本國內所有鐵道路線作為新目標。雖然這不失為一個選擇，但我決定先暫時脫離「全部搭遍」這件事。開車或搭巴士造訪自己過去不曾注意的廢線遺址、搭乘國外鐵道、搭乘平時不會搭的清晨或深夜時段班次……除了搭遍所有路線以外，我感受到鐵道還有更多不一樣的樂趣所在。而且我發現，其實沒什麼人在網路上介紹這類內容，因此我開始上傳影片到YouTube。

許多人常在達成一項目標後苦惱，不知道自己的下一個目標在哪裡。先嘗試尋求不一樣的可能性，不要在意是否會遇到困難碰壁，或許能開創新的眼界。

後記

感謝各位讀者閱讀本書。

如果沒有實際搭乘、接觸鐵道的話，很多東西是無法了解的，但只是因為這樣去搭乘的話，恐怕也很難覺得有什麼「有趣」的地方。我之所以覺得鐵道有趣，也是因為念書時曾經在鐵道公司打工過。包括寫在本書中的見聞在內，公司的前輩讓我認識到鐵道的各種迷人之處，我才能因此認為鐵道是「有趣」的。

當然，並不是只有「業內人士」才能充分體會鐵道的有趣之處，單純的「乘客」也可以。我相信，就算不清楚複雜的系統、原理或背後秘辛，只是純粹搭乘停在眼前的電車，也依舊充滿樂趣。

不過，我希望大家能增添一些不一樣的觀點。

例如，平日上學、上班習以為常搭乘的電車總是能夠準點，是因為司機員與車掌以秒為單位做出精確的調整。當電車誤點時，不只乘客會感到坐立難安，在看不見的地方也有許多人為了盡快修正時刻表，或讓列車恢復行駛而努力。相信有些人或許會從這些幕後故事中感受到趣味，有些人則是對新幹線不斷打破紀錄的速度以及一路走來的歷史感興趣。就像讓我愛上鐵道的契機是過去的打工經驗，我相信鐵道一定還有許多吸引人的地方。

希望讀者在讀完本書介紹的內容後都有所收穫，而這些收穫若能在搭乘電車時幫助你發現小小的樂趣，對身為作者的我，就是最大的肯定了。

綿貫涉

綿貫 涉

曾經擔任鐵道員的交通YouTuber。高中時因碰巧看到徵人啟事而成為打工站務員，自此對交通產生興趣。大學時主修地理，畢業後曾任職於巴士公司，後來在JR擔任鐵道員至2021年。2017年時達成了搭遍JR所有路線的里程碑，並開始正式上傳影片。截至2024年5月，頻道共有14.5萬人訂閱。運用自身經驗從學術、業者、乘客等不同面向介紹大眾運輸的迷人之處。著有《怒鳴られ駅員のメンタル非常ボタン 小さな事件は通常運転です》（KADOKAWA）。

YouTube：綿貫涉/交通系YouTuber

X：@wataru_w

参考文献

『怒鳴られ駅員のメンタル非常ボタン 小さな事件は通常運転です』（綿貫涉 著・KADOKAWA）、『読めば読むほどおもしろい 鉄道の雑学』（浅井建爾 著・知的生きかた文庫）、『図解 鉄道の科学 安全・快適・高速・省エネ運転のしくみ』（宮本昌幸 著・講談社）、『誰かに話したくなる大人の鉄道雑学 新幹線や通勤電車の「意外に知らない」から最新車両の豆知識、基本のしくみまで』（土屋武之 著・サイエンス・アイ新書）、『もっと知ればさらに面白い鉄道雑学 256』（杉山淳一 著・リイド文庫）、『みんなが知りたい！ 鉄道のすべて この一冊でしっかりわかる』（「鉄道のすべて」編集室 著・メイツ出版）、『図でわかる電車入門 電車のしくみを感じるための基礎知識』（川辺謙一 著・交通新聞社）、『図解雑学 日本の鉄道』（西本博隆 著・ナツメ社）、『図解入門 よくわかる 最新 鉄道の技術と仕組み』（阿佐見俊介、磯部栄介、出野市郎、佐藤盛三、千代雄二、鷲田鉄也 著・秀和システム）

STAFF

編集	細谷健次朗（株式会社 G.B.）
編集協力	幕田けい太、野村郁朋、三ツ森陽和、吉川はるか
特別協力	滑川弘樹
カバー＆本文イラスト	しゅんぶん
カバー＆本文デザイン	深澤祐樹（Q.design）
DTP	G.B.Design House

【日本鐵道系列 3】

日本鐵道小知識

原來如此！有趣又實用的鐵道雜學

作者／綿貫 涉

翻譯／甘為治

編輯／林庭安

發行人／周元白

出版者／人人出版股份有限公司

地址／23145新北市新店區寶橋路235巷6弄6號7樓

電話／(02) 2918-3366（代表號）

傳真／(02) 2914-0000

網址／http://www.jjp.com.tw

郵政劃撥帳號／16402311 人人出版股份有限公司

製版印刷／長城製版印刷股份有限公司

電話／(02) 2918-3366（代表號）

香港經銷商／一代匯集

電話／(852) 2783-8102

第一版第一刷／2024年7月

定價／新台幣280元

港幣93元

國家圖書館預行編目資料

日本鐵道小知識：原來如此！有趣又實用的鐵道雜學 / 綿貫 涉作；甘為治翻譯. --第一版. --新北市：人人出版股份有限公司，2024.07

面；公分. --（日本鐵道系列；3）

ISBN 978-986-461-392-2（平裝）

1.CST：鐵路 2.CST：電車 3.CST：日本

557.2631 113006725

NEMURENAKUNARUHODO OMOSHIROI ZUKAI TETSUDO NO HANASHI